기억의 바람에 실려 온 이야기들

바람 불면 시간은 그리움이 된다

이신우, 박수연

대경북스

바람 불면 시간은 그리움이 된다

1판 1쇄 인쇄 2025년 7월 10일
1판 1쇄 발행 2025년 7월 15일

지은이 이신우, 박수연
발행인 김영대
펴낸 곳 대경북스
등록번호 제 1-1003호
주소 서울시 강동구 천중로42길 45(길동 379-15) 2F
전화 (02)485-1988, 485-2586~87
팩스 (02)485-1488
쇼핑몰 https://smartstore.naver.com/dkbooksmall
e-mail dkbookss@naver.com

ISBN 979-11-7168-104-4 03810

※ 이 책은 저작권법에 따라 보호받는 저작물이므로 무단전재와 무단복제를 금지하며, 이 책 내용의 전부 또는 일부를 이용하려면 반드시 저작권자와 대경북스의 서면 동의를 받아야 합니다.

추천의 글

나는 북세통(책으로 세상을 통찰한다) 프로그램을 20년째 진행하고 있다.

책을 소개하는 사람의 고민은 책을 선정하는 것이다.

나는 책을 5가지로 분류한다. 첫째는 자기의 살아온 삶을 소개하는 약간의 자랑이 섞여 있는 책이다. 자칫 잘못 고르면 기분이 나빠진다. 둘째는 가르치려 드는 책이다. 철 지난 지식이나 평이한 느낌을 긁어모아 놓은 책이다. 셋째는 뭔가 고민을 하게 하는 책이다. 어렵다. 넷째는 위로받게 하는 책이다. 읽기에 반갑지만, 행동력을 떨어뜨리는 위험이 있다. 다섯째는 당장 써먹을 수 있는 실용서가 그렇다. 문제는 어느 것 하나 단점이 없는 책이 없다는 점이다. 때문에 책을 쓸 때는 그 단점을 정확히 포착하고 피해 갈 수 있어야 한다.

이런 점에서 책은 그저 글을 모아서 제본했다고 책은 아닌 것이다.

　이신우, 박수연 저자의 《바람 불면 시간은 그리움이 된다》는 이러한 걱정에 대해서는 안심해도 된다. 무한히 생산되는 감정에 꼰대 같은 교훈을 덧씌우는 식의 글이 아니다. 돌멩이 하나를 옥으로 바꿔내는 마법을 페이지마다 감탄으로 경험할 수 있기 때문이다.
　두 사람이 부부라는 사실은 프롤로그를 보고서야 알았다. 교육에 헌신해 온 두 사람이 뭔가 해보자고 밤새도록 나누었을 모습이 궁금하다. 아울러 그 실천력에 박수를 보낸다. 곧잘 향기 품은 바람, 구름과 바람의 상생, 바람의 자유를 말하지만 바람과 시간을 그리움으로 연결시키는 융합력도 멋지다.

　무엇보다 글을 통해 느껴지는 동심은 탁월하다.
　예수, 공자, 노자도 결국 궁극의 구체적 경지는 동심이다. 그것을 글이라는 극히 이성적 방법으로 표현해 내는 능력은 길러진 것은 아니라고 본다. 아마도 타고난 글쟁이인 듯하다. 감꽃 하나에 생명을 불어넣는 기교가 예사롭지 않다. "감꽃이 차례차례 줄을 선다" "엄마 웃음소리가 햇살보다 따뜻하다"는 식의 표현은 시적이다. 아니나 다를까 이 책은 시집처럼 문장이 짧다. 짧은 글에는 기교를 넣을 수 없다. 김훈 작가의 말처럼 형용사가 덕지덕지 붙어있는 글은 인스턴트 음식을 먹는 것 같이 불편하다. 이런 점에서 이 책은 단숨에 읽어 내릴 수 있다. 마치 가을에 맛있게 익은 대추 하나를 입에 탁 털어 넣는 것 같다.

'된장국 하나면... 그저 오늘을 먹고 내일을 살아냈다'는 글에서는 옛 생각에 하마터면 울 뻔했다. '다듬이 방망이 글로 방망이질을 간절한 기도'라 했다. 이 지점에서는 권위적이고 일방적 희생 속에서도 삶을 견뎌낸 어머니의 유일한 해소의 시간이었다고 한 구절 덧붙이고 싶은 충동이 생길 만큼 소통의 여지를 남긴다. 이 외에도 쌀, 콩알, 시래기, 된장, 김장 등을 기꺼이 품어냈다는 글에서 빠알간 고무대야는 촌스러움을 리더십으로 탄생시킨다. 저자의 내공이 느껴지는 순간이다. 그저 글 장난이나 치는 사람은 아닌 게 틀림 없다. 고무신과 구두를 신는 것의 의미에서 이벤트와 축제가 사라진 사회를 염려하는 한병철 철학자의 글을 떠오르게 했다. '태어남이 곧 역할이었다.', '아버지는 한 번도 자신의 인생을 계획해 본 적이 없었다.', '업은 아이의 다리가 흔들릴 때마다 자신의 인생도 흔들리고 있다는 것을 알면서도 엄마는 어쩔 도리가 없었을 것이다.' 이 문장은 예쁜 종이에 싸서 우리 엄마 무덤에서 읽어주고 싶은 글이었다.

　일상의 소재로 글을 쓴다는 것은 행복하게 산다는 증거다. 장독, 손가락, 옥수수, 밥 등이 그렇다. 일상의 단조로움 속에서 디테일을 끄집어내어 글로 뱉어내는 것은 흡사 뽕을 먹은 누에가 명주실을 만들어 내는 것과 같다. 이런 점에서 이 책은 차별적이다. 아직도 논문을 뒤적이다 새로운 용어가 있으면 눈이 가는 나로서는 여간 부러운 것이 아니다. 애쓰지 않고 읽히고, 그 잔상과 여운이 길다. 글의 생명력이다.

　두 분의 사랑 이야기는 어느 글보다 꼼꼼이 읽었다. '여보'라는 단어, '두 손을 꼭 잡았다'는 표현, 우리가 선택한 길이라는 표현에서 두 분의 모습이 그려졌다. 급기야 나를 울게 만든 문장은 '소 팔러 가는 날'에서 만났다. 아버지가 하신 '다른 집에 가서는 일 안하고 살아라'였다.

　'딱지 한 장으로 영웅이 되는 날들', '고무신 배'에서 가장 가성비 높은 영웅 만들기와 창의성 교육을 두고 사교육 현장을 뛰어다니는 우리 사회를 볼 수 있었다. 초등학교 시절 가구 조사 시 "아버지 없는 사람?" 손들라고 할 때 발발 떨었다는 고백을 하면서 그분을 선생님이라 쓰고 있는 저자의 품성도 보았다.

　인생 1막을 군더더기 없이, 치장하지 않고 써내려 온 것은 저자들의 말대로 인생 2막의 출발점이 된다. 늘 그렇듯 끝내지 않으면 출발은 없다. 출발할 때는 누구나 의지가 작동된다. 의지 없는 시작은 끌려가는 것이다.

　다시 바람이 불 때 보낸 시간은 누군가의 그리움이 될 것이란 기대는 반드시 이루어 질 것이다.
　인생 후반전을 준비하는 모든 분들과 일상의 행복을 모르는 많은 사람들에게 추천한다.

최 병 철
한국창직역량개발원장
인생이모작대학 학장

들어가는 글

시간은 흘러가지만, 기억은 머무릅니다.
그리고 그 기억은 바람이 불 때마다 불쑥 다가와 말을 겁니다.

이 책은 그런 바람 같은 기억들을 따라 걸어본 여정입니다.
냄새로 기억되는 된장국 한 그릇,
어머니의 고무신 한 켤레,
아버지의 구두,
형의 손에 쥐어진 고구마 세 알.
그 안에는 단순한 과거가 아니라,
지금의 나를 만든 사랑과 희생, 그리움이 담겨 있습니다.

우리는 늘 '지금'을 살고 있지만,
그 속에는 과거의 우리가, 우리의 부모가, 아이들이

함께 존재하고 있습니다.
《바람 불면 시간은 그리움이 된다》는
그 모든 시간 속의 이야기를 다시 꺼내어,
지금 이 순간의 우리에게 건네는 따뜻한 인사입니다.

이 책을 펼치는 당신의 마음에도,
소박하지만 깊은 한 줄기 바람이 스며들기를 바랍니다.

차 례

추천의 글 _3
들어가는 글 _8

제1부 바람이 지나간 자리 _15

감꽃 목걸이_17
기다림_19
된장국 _22
다듬이 방망이의 소네트_24
꿈 실은 나무 의자_26
고무대야_29
도깨비 상자의 봄노래_32
군 고구마 사랑_35
고무신과 구두_39

제2부 마음에도 길이 있다면 _43

마리오네트 인생_45

멸치 3마리_49

시래기 국_51

옥수수 계급_53

두 손가락_55

장독에서 퍼 온 사랑_59

밥이 보약_61

사랑, 그 아름다운 이름으로_63

새벽의 속삭임_69

엄마의 노래_72

소 팔러 가는 날_75

제3부 그리움이 말을 걸었다 _79

된장 냄새_81

딱지 한 장으로도 영웅이 되던 날들_84

못 찾겠다 꾀꼬리_85

고무신 배_87

종이비행기 따라 꿈도 날았다_89

교복 주머니에 숨겨둔 사춘기_93

오늘의 시_98

수학 시험지 _101

웃픈 졸업사진_104

우정_107

친구랑 싸운 날 _109

다락에서 찾은 보물_113

낮잠_117

돌아오는 길은 없는지_119

묵은지_123

마음 한편, 묵은 햇살이 눕는다_125

그리움이 그때의 온도로 말을 걸어온다_129

달빛보다 조용하게 눈물보다 따뜻하게_133

제4부 내 안에 머무는 시간들 _135

장날 오후_137

바람 불면 시간은 그리움이 된다_139

지금도 그날처럼_141

아버지의 털신_143

큰형 군대 가던 날_146

황금보다 더 소중한 새 운동화_149

말 없는 사랑의 언어_153

엄마의 기침 소리_156

옆집 순이가 이사 가던 날, _159

너 모 상자 안에서 건네는 말_161

제5부 마음에도 하루치 감정이 필요하다 _165

찌개와 국 사이_167

그냥 말해_169

걸레가 행주에게_170

구름에게 부치는 안부_172

그대 창 밖에는_174

나는 축구공이 아니야!_176

때때로_178

막걸리 병의 재취업_180

물 마시기 대회_181

바람은 한 번도 같은 방향으로 불지 않는다_184

복숭아 밭 DJ_186

봄눈이 내리는 날_187

시간이 이따금 나에게 묻는다_188

아주 오래된 사랑의 언어_190

연두색 눈이 내린 날!_193

짧은 다리, 큰 사랑_196

편의점 처마 밑에서_198

너라서 괜찮아_200

나가는 글 _203

제 1 부

바람이 지나간 자리

- 시간에서 나는 냄새 -

오래된 찬장 문을 열면,
아주 오래전부터 익숙한 냄새가 코끝을 스친다.
마치 말라붙은 시간의 조각이
눈에 보이지 않는 향기로 스며들어
"나 여기 있었어" 하고 조용히 말을 거는 듯하다.
지난 날 그토록 싫었던 사물들은 말이 없다.
그럼에도 손가락을 세워 더듬이마냥 문질러 보면,
한 시절의 숨결과 온기가 느껴진다.

이 첫 번째 장에서는 그런 사물들의 속삭임에 귀를
기울여 본다.

바람이 머물다 간 자리에 남은,
아주 사적인 추억의 향기를 따라
잠시 멈춰 서 보는 시간을 가지며,
그 기억이 마음 속 오래된 서랍 하나를
조용히 열어주는 열쇠가 되었고
오래토록 간직하는 공간이 될 것이다.

감꽃 목걸이

새벽 햇살이 살짝 번질 때,
나는 고무신 대충 신고 감나무 아래로 달려간다.
누르스름한 감꽃들이
밤새 별똥별처럼 쏟아져 내려
마당이 노란 별밭이 되었다.
"오늘은 목걸이 두 개 만들 거야!"
웃옷 자락을 펼쳐 감꽃을 담고
마루 끝에 쪼르르 앉아
무명실을 꿰기 시작한다.
그런데 또로록 또로록
맨 먼저 꿴 꽃 2개가 빠져버린다.
"에이, 또야!"
혼잣말로 투덜거릴 때
부엌에서 나오던 엄마가 씨익 웃으며 다가온다.
"잘 봐둬! 이렇게 끝에 하나를 묶어야지."
엄마 손이 마법을 부리자

감꽃 목걸이는 차례차례 줄을 선다.

"엄마, 잘 만들었지?"
"그래 잘 만들었네! 감꽃 공주님!"
엄마의 웃음소리는 햇살보다 따뜻하다.

학교 갔다 올 때까지 툇마루 기둥에
걸어둔 감꽃 목걸이는 빛이 바래버렸다.

해마다 감꽃이 수북이 떨어질 때면
나는 그때 그 소녀로 돌아간다.
마루 끝에서
엄마와 웃던 그날로.

기다림

쪼꼬미 아이는 신작로에 쪼그리고 앉아
몇 시간째 땅바닥을 긁었다.
버드나무 가지로 흙바닥에 동그라미도 그렸다가
손바닥으로 지우고,
글자를 쓰다가 누가 볼세라
고무신 바닥으로 슥슥 문질러 지워버린다.

장에 간 엄마는 아직 돌아오지 않았다.
쪼꼬미 아이는 저 멀리 앞 동네 정류장만
뚫어지게 바라본다.
저기 걸어오는 사람이 엄마일까? 아니네…
어깨가 쓸쓸히 처진다.
흙먼지 뽀얗게 날리며 달려오는 버스에
엄마가 탔을까? 아니네…

까치가 전깃줄 위에서 꼬리로 장단을 맞추고,

들일을 끝내고 집으로 돌아가던
친구 아버지가 돌아보며
"해 넘어간다. 집에서 기다려라."라고 했다.

그 말에 쪼꼬미는 고개도 들지 않고
아직 다 쓰지 못한 '엄마'라는 글자를
얼른 발바닥으로 문질러 버린다.

친구 아버지가 가고 나서
작은 손이 바짓가랑이를 꼭 쥔다.
햇살이 조금씩 기울고,
드디어 덜컹덜컹 소리와 함께 버스가 온다.
먼지가 구름처럼 일고,
아이의 눈빛이 번쩍 뜨인다.
작은 심장이 "쿵, 쿵, 쿵" 소리를 내며 뛴다.
엄마가 보이면 뛰어가 안길 준비를 하며
아이의 발끝이 잔뜩 힘을 준다.

보따리를 하나는 안고
하나는 머리에 이고 내리는 엄마,

그제야 쪼꼬미 아이의 얼굴에 환한 웃음이 번지고,
발바닥은 마침내 땅을 박차며 달려간다.

그날 신작로 위에는
애타는 기다림과 끝내 터져나온 기쁨이
노을빛으로 번져가고 있었다.

된장국

가마솥 뚜껑이 덜컥 소리를 내며 열렸다.
밥만 있는 게 아니다.
갓 지은 밥의 뜨거운 김 사이로
한편에는 달걀찜이 오두마니 앉아 있고,
다른 한편에는 풋고추 듬성듬성 썰어 넣은 된장국이
밥 속에 반쯤 빠져 있다.

바람은 골목을 돌아 마당까지 들어와 있고
어느 새 해는 늬엿늬엿 서산으로 넘어가고,
백열등 희미하게 켜진 마루 위로
어머니가 저녁 밥상을 차려낸다.

마루에 펴 놓은 크다란 교자상위에
부엌에서 들고 나온 작은 밥상에 올려진
스테인리스 그릇 속 된장국과 달걀찜
달걀찜이 놓인 곳은 누구 자리인지

아무도 말하지 않지만 아버지 자리이다

우리는 말없이 둘러앉아
밥 한 그릇을 뚝딱 비우며
된장국의 짭짤하고 구수함으로 위로를 삼켰다.

아버지는 논일로 검게 그을린 손으로
된장국 밥 위에 한 숟갈 퍼서 쏟고 밥을 떠먹고,
누나는 된장국에 밥을 비벼 먹었고,
나는 김치 한 조각과 된장국을 숟가락 끝에 떠서 밥을 비웠다.

된장국 하나면 다 괜찮았던 날들,
그때는 근심도 걱정도 없이
그저 오늘을 먹고, 내일을 살아냈다.
지금도 문득,
입안에서 된장국의 향이 감돈다.
그리고 따뜻하던 저녁이
가슴속 어딘가에서 조용히 숟가락을 든다.

다듬이 방망이의 소네트

할아버지 기일(忌日)은 아직 달포나 남았다.
엄마는 서둘러 아버지의 광목 두루마기를 꺼내
사뿐히 다듬이돌 위에 펼쳐놓는다.
양손에 다듬이 방망이를 잡고
어깨를 들썩이며 리듬을 탄다.
툭툭, 탁탁—
마당 가득 울려퍼지는 그 소리는
늘 이맘때면 들려오던 계절의 신호였다.
"이제 그냥 양복 입고 제사 지내면 되잖아."
형이 퉁명스레 말하면,
엄마는 다듬이 방망이를 다듬이돌 위에 가지런히 놓고
잠시 숨을 고르듯 눈을 감는다.
그리고 아주 낮은 목소리로
"아버지 들으면 큰일 난다."
주먹을 들어 때리는 시늉을 하며 웃는다.
그 웃음 속엔

돌아가신 아버지에 대한 그리움,
제삿날마다 다듬이질을 하던
어린 내 눈에 비친 엄마의 시집살이에
말 못할 무게가 고요히 담겨 있었다.

다듬이돌 위의 두루마기는
엄마의 손길 만큼 편편히 펴졌고

잘 두드려 빨랫줄에 널어 놓은 두루마기는
바지랑대를 흔들며 이리저리 펄럭인다.

엄마가 두드리는 방망이는 소네트가 되어
할아버지의 부재, 아버지의 자리,
우리 가족의 오랜 봄과 겨울이 되었다.

꿈 실은 나무 의자

네 다리는 덧대고 또 덧대어
마치 고목나무처럼 튼튼해 보였다.
앉는 자리는 엉덩이만 살포시 얹을 수 있도록
작은 나무판 하나를 그때그때 가져와 걸쳤다.
높이는 앉는 이의 키에 맞게 두 단계로 조절할 수 있었다.
아이들은 항상 위쪽에 걸쳐 앉았다.
이발을 하기 위해서였다.

유달리 손재주가 좋았던 아버지는
이발 기술을 따로 배운 적도 없었지만
동네 사람들의 단골 이발사였다.

머리를 다 깎고 나면 어김없이,
아버지는 따뜻한 말 한마디를 더해 주셨다.
"두상이 예뻐서 큰 인물 된다."
"오늘은 자세가 좋았어, 마음도 곧게 자랄 거다."

"참을성 보니 공부도 잘하겠는걸!"
"네가 웃으니 집안이 환하다. 큰 복 될 거야."
"가만히 있는 거 보니 어른 다 됐네."
"이 머리 하고 가면 복이 붙겠다!"
그 말 한마디에 아이들은 어깨를 으쓱했고,
머리는 더 가벼워졌으며 마음은 더욱 단단해졌다.

나무판자 한 조각 위로 스며들었던
햇살과 땀의 기억.
아버지가 내 머리를 깎아주시던 그 의자에는
말보다 더 깊이 내려앉은 사랑이 있었다.
바람이 마루 끝을 스칠 때면
그 조용한 사랑의 손길이 떠오른다.

 작가노트

이 글은 나의 유년 시절 우리 집 마당 한 귀퉁이, 그 마루 끝에 조용히 놓여 있던 나무 의자에서 시작되었다. 겉보기엔 투박하고 낡았지만 그 위에서 아버지와 마주 앉던 시간은 늘 정갈하고 따뜻했다.

머리를 깎는 일은 단순한 일이 아니었다. 아버지는 아이들의 머리 모양만이 아니라 마음도 다듬어 주었다. 말끝마다 담긴 격려와 칭찬은 우리들 마음 속에서 튼튼한 '기둥'이 되어 주었다.

세상은 변하고, 이발소도, 나무 의자도 사라졌지만 그 위에 내려앉았던 아버지의 사랑은 아직도 내 마음 깊은 곳에서 바람결처럼 다가온다. 그래서 나는 아버지의 손재주를 타고났는지 손으로 만들고 고치는 것에는 자신이 있다.

고무대야

빠알간 고무대야 안에
속살 뽀얀 쌀이 이틀째 포근히 담겨 있다.
곧 설이라서,
떡방앗간에서 가래떡을 뽑기 위해서다.

빠알간 고무대야 안에
노란 콩알들이 서로 반짝이며
누가 더 고소한지 자랑을 늘어놓는다.
내일 새벽, 두부를 만들러 가기 위해서다.

빠알간 고무대야 안에
시래기 잎사귀들이
누가 더 튼실하냐며 웃고 떠든다.
겨울 내 얼었다 녹았다를 반복하며
된장과 들깨로 곱게 화장하고,
구수한 시래깃국이 되기 위해서다.

빠알간 고무대야 안에
배춧잎이 켜켜이 겹겹이 앉아
소금물에서 묵언수행을 하고 있다.
곧 김장이 시작된다.
고춧가루, 마늘, 생강, 젓갈이 어우러진 속을
풍성하게 품기 위해서다.

빠알간 고무대야 안에
겨울 무가 물기 머금은 채
하얀 속살을 드러낸다.
깍두기로, 동치미로 다시 태어나기 위해서다.

빠알간 고무대야 안에
나물이며 과일이며 생선까지
그날 그날의 일을 기다리며 숨을 고른다.

빠알간 고무대야는
마당 한쪽에 앉아 사시사철 계절을 품는다.
부엌의 시간표를 외우고,
식구들의 입맛과 건강을 기억한다.

아무 말 없이
사람들의 손을 기다리며
늘 그 자리에 있다.

 **작가노트**

이 글은 어느 날 여행에서 돌아오는 길 어느 촌락을 지나다 우연히 수돗가에 놓여 있던 빨간 고무 대야를 보고 어릴 때 우리집 수돗가에 있던, 그곳에 있는 것을 당연한 것으로 여겼던 빨간대야가 떠올랐다.

생각해 보면 빨간대야도 명절이면 더 바빴다. 내용물은 엄마의 용도에 따라 이쪽 대야에서 저쪽 대야로 바쁘게 옮겨 다녀야 했다. 그 안엔 단지 재료만이 담겨 있었던 것이 아니라, 계절의 흐름과 엄마의 손맛, 가족을 위한 마음까지 고스란히 담겨 있었던 것이다. 고무 대야는 때로는 쌀을 불리고, 때로는 배추를 절이고, 또 때로는 두부를 하기 위해 콩을 불리고, 생선을 씻고, 나물을 다듬는 공간이었다. 늘 묵묵히, 하지만 분주하게 계절을 담아내는 도구였다. 이 평범한 고무 대야를 통해 삶의 부지런함과 사랑의 모양을 다시 떠올려 보았다.

누군가는 빨간 대야를 '그저 물건'이라 말할지 모르지만, 내게는 추억이자 시간이며, 가족을 위한 따뜻한 마음 그 자체였다.

도깨비 상자의 봄노래

흙벽의 맨 위쪽, 처마 아래
까만색 망에 쌓여 매달린 네모난 상자 하나.
그건 우리 집 도깨비 상자, 라디오였다.
가끔 상자 속에서 지지직, 지지지익— 소리를 내면
아버지는 사다리를 타고 올라가
이리 만지고, 저리 돌리며 바람결처럼 신호를 잡으셨다.

아버지의 마법같은 손길이 닿으면
네모난 통에서는 도회지 소식이 튀어나오고,
며칠째 가물었던 날씨가 내일은 비가 온다며
봄볕처럼 따스한 소식도 흘러나왔다.

학교에서 돌아오면 라디오에서는
마치 세월의 한을 담은 듯
'봄이 왔네, 봄이 와, 숫처녀의 가슴에도'
애처롭게 들리는 노래가 흐르고,

부엌에서는 엄마가 그 선율에 맞춰 콧노래를 부르셨다.

어쩌면 그때 우리 집에 봄이 온 건
날씨 때문만은 아니었다.
흙벽에 걸린 낡은 라디오에서 흘러나오던
세상 이야기에 귀 기울이는 아버지가 혀 껄껄 차는 소리와
노래를 따라 흥얼거리던 엄마의
정겨운 기척 때문이었을 것이다.

 **작가노트**

낡은 라디오 한 대는 소리로 시간을 엮고, 정서로 계절을 기억하게 해준다. 봄은 단지 바깥 풍경이 아니라 집 안 가득 채워지던 따뜻한 기운이었다.
아버지의 손길, 어머니의 콧노래, 그리고 라디오에서 흘러나오던 시대의 이야기와 가락은 어린 날의 마음속에 '봄'이라는 정서를 심어주었다.
이 글은 단순한 풍경이 아니라, 따스한 감정의 기억을 불러오는 '정서적 라디오'이다. 그 기억 속에서, 지금도 나는 봄노래를 듣는다.

군 고구마 사랑

내 어릴 적, 소는 그야말로 농촌에서는 없어서는 안 되는 보배였다. 밭을 갈고, 짐을 나르고, 집안의 가장 귀한 재산이자 희망이었다. 우리 집에서도 누렁이 한 마리를 길렀다.
큰형과 둘째 누나는 직장 따라 도시로 떠났고, 셋째 형은 대구에서 고등학교를 다녔다. 부모님과 6남매 중 집에는 큰누나, 둘째 형, 그리고 내가 남았다.

큰누나는 밭에 나간 엄마 대신 저녁밥을 짓고, 둘째 형과 나는 소죽을 끓여 먹이는 담당이었다. 소죽을 끓여야 하는 시간은 야속하게도 동네 아이들과 어울려 땀 뻘뻘 흘리며 시간이 어떻게 흘러가는지 모를 시간이었다. 날마다 가장 재미있는 놀이가 한창일 즈음, 형이 슬쩍 내 팔을 잡았다.

"야, 이제 가자. 소죽 끓여야지." 아쉬움에 발길이 떨어지지 않았지만 우리에겐 소가 있었고, 소는 곧 우리 형제의 학비이자 우리 가족의 미래였기에 우리는 집으로 향했다.

둘째 형과 나는 아궁이 앞에 나란히 앉아 오늘 놀았던 이야기, 지금쯤 애들이 뭘 하고 있을까 궁금해하며 소죽이 끓기를 기다리며 무릎으로 삭정이를 부러뜨려 아궁이에 넣었다.
솥뚜껑 아래로 물이 줄줄 흐르면 다 끓은 신호였다. 불씨를 남기고 뜸을 들이기 위해 우린 나무 부스러기를 아궁이에 쓸어 넣고 작은 철문을 '철커덕' 닫았다.
그리고 그 순간, 형은 늘 작은 의식처럼 주머니에서 흙 묻은 고구마 세 알을 꺼냈다. 재를 살짝 파서 고구마를 불씨 속에 묻었다.
소죽을 퍼서 소에게 가져다주고 돌아오면 그새 노릇노릇 익은 고구마를 꺼내 부엌에 있던 큰누나, 형, 그리고 내가 하나씩 나눠 먹었다. 달고 뜨겁고, 무엇보다 따뜻했다.

세월이 흘러, 나도 도시로 나가 대학을 다니고, 전공이 외국어여서 다른 나라로 유학을 갔다. 그 곳에서 한 여자를 만났다. 7년간 교재를 하다가 결혼을 결심하고 부모님께 인사드리기 위해 고향 집을 찾았다.

들에 나가셨던 부모님은 깜깜해져서야 집으로 돌아오셨다. 그 동안 나는 형과 했던 기억을 더듬어 소죽을 끓여 소에게 먹이고, 고구마 더미에서 가장 가늘고 예쁜 세 알을 골라 재 속에 살짝 묻었다. 노릇노릇 익은 고구마를 꺼내 함께 앉아 나눠 먹던 그 순간, 여자 친구는 조용히 말했다.
"이 고구마 구워 주는 마음이면, 당신은 어떤 상황에서도 가족 밥은 꼭 챙길 사람이란 생각이 들었어요."
그날 이후, 그녀는 지금 나와 같은 방에서 잠을 자게 되었다.

소를 위해 끓이던 죽, 불씨 속에 구워 나눠 먹던 군고구마, 그리고 그 속에 스며든 사랑. 세월은 흘렀지만 그 군고구마의 온기는 아직도 내 삶을 따뜻하게 데운다.

 작가노트

이 글은 한 줌 불씨 속에서 피어난 둘째 형과 아내에 대한 사랑 이야기이다. 그 시절 소는 단순한 가축이 아니라 삶의 버팀목이었고, 형과 함께 쇠죽을 끓이며 나눠 먹던 고구마는 세상에서 가장 따뜻한 간식이자 위로였다.

그 따뜻한 군고구마는 세월이 흘러 내 성의 전부인 사랑이 되었다. 음식은 마음이고, 기억은 온기다. 작고 사소한 순간들이 어떻게 사람의 마음을 움직이고 평생을 함께할 인연으로 이어지는지, 그 고구마는 지금도 말없이 증명하고 있다.

고무신과 구두

흙마당 한편, 유일하게 시멘트로 된 장독대와 수돗가.
장독대는 수돗가보다 벽돌 한 장 높이로 계단이 하나 있었다.
그곳에는 가끔 하얀 고무신 두 켤레가
물기를 머금은 채 비스듬히 세워져 있곤 했다.
그 고무신이 말라가고 있다면,
그건 아버지나 엄마가 외출을 앞두고 있다는 신호였다.
어떤 날은 아버지 혼자 외출하시기도 했지만,
대부분은 엄마와 같이 나섰다.
바로 5일 장에 가는 날이었다.

1970년대의 고무신은 단순한 신발이 아니었다.
질긴 고무로 만든 그 하얀 고무신은
삶의 바닥을 딛고 일하는 엄마 아버지의 발을 지켜주었고,
비 오는 날 진창길에서도 미끄러지지 않게 해 주었다.
새로 사면 뽀얀 분칠이 되어 있어
그 고무신을 처음 신는 날은 마치

하늘을 나는 기분마저 들게 했다.
어릴 적 나는, 작아진 고무신 뒤축을 밟아 신고 놀다가
어머니께 꾸지람을 몇 번이나 들었는지 모른다.
"아껴 신어라."
그 말은 단지 발이 커져 신발이 작아진 상황이 아니라
살림살이에 대한 철학이기도 했다.

하지만 마루 끝 선반 위,
늘 한결같이 말끔한 한 켤레의 구두는
어린 나에게 마치 전시용 보물처럼 느껴졌다.
그 구두는 매일 신는 것이 아니었다.

아버지가 그 구두를 신는 날은,
결혼식이나 초상집처럼
삶의 중요한 생로병사(生老病死)를 치르는 날,
혹은 형들이나 누나들 또는 내가
학교에 입학하거나 상을 받는 날이었다.
아버지는 고무신을 신을 땐 조용히 문밖을 나서셨지만,
구두를 신는 날엔 꼭 구두 솔을 들고
마루 끝에 걸터 앉아 정성껏 먼지를 털고 윤을 내셨다.

그 모습은 마치 예를 차리는 의식 같았다.

구두를 신은 아버지의 걸음은
평소보다 반 뼘은 높아 보였고,
나는 그런 아버지가 마냥 근사했다.

어쩌다 장에서 고무신 대신 운동화를 사게 되는 날이면
그걸 구두처럼 소중히 여기며
마당 구석구석을 소리 나게 툭툭 걷던 기억도 떠오른다.

지금은 세상이 바뀌어
고무신은 전통 행사나 체험 마당에서나 보이고,
아버지의 검정 구두도 빛바랜 사진에서나 볼 수 있는
먼지 쌓인 추억이 되었다.

하지만 그 시절 장독대 아래 비스듬히 세워져 있던
고무신 두 켤레와,
마루 끝 선반 위에 광이 나던 구두 한 켤레에는
잊을 수 없는 내 유년 시절이 고스란히 담겨 있다.

 작가노트

지금이야 특별할 것 없는 고무신과 구두이지만, 내 어린 날에는 단순히 신고 다니는 신발에 그치는 것이 아니라 삶의 리듬을 보여주는 상징이다. 고무신은 매일의 노동과 평범한 일상을, 구두는 예식과 기념일, 특별한 순간을 의미했다. 이제는 그 신발들이 머물렀던 자리와 그 신발을 신은 사람들의 삶의 무게와 따뜻함이 마음 속 어딘가에 담겨 있을 뿐이다.

제 2 부

마음에도 길이 있다면

- 시간 속에 머무는 마음 자리 -

만약 우리 마음에 길이 있다면…
눈에 보이지 않아도, 마음은 언제나 걸을 길을 찾아
움직인다.
그 길 위에는 기억과 그리움,
상실과 위로가 엉켜 있고
시간의 흐름 속에서 내면의 풍경이 펼쳐진다.
삶은 그 길 위를 걷는 여정이며,
그 여정에서 우리는 수많은 감정을 마주한다.
때로는 외롭고,
때로는 평온하며,
또 때로는 사랑과 기다림으로 채워진다.

마리오네트 인생

엄마는
농부인 외할아버지의 딸로 태어나
자신의 의지와 상관없이 삶의 밭에 내려앉았다.
엄마는
농부인 아버지와 결혼을 하면서
또다시 선택 없이 다시 농부가 되었다.
엄마는
들에 나갈 때마다 업고 있던 아기를 리어카를 요람 삼아
조심스레 눕히고는 논두렁을 오갔다.
엄마는
부엌에서 밥을 할 때도 아이를 등에 업은 채
앉았다가, 일어섰다가,
반복되는 움직임에 익숙해져야 했다.
그때마다, 아가의 두 다리는
공중에 매달린 목각 인형처럼 앞뒤로 흔들렸다.
엄마의 삶은 그렇게 흔들리고, 조종당하고 있었다.

엄마는
단 한 번도 자신의 삶을 스스로 선택해 본 적 없었다.
그러나 매번 괜찮다고 했다.
살아야 했다.
아이들을 먹이고 재워야 했다.

아버지는
자신의 선택이 아닌 부모님이 정해준 혼사에 고개를 끄덕였고
그렇게 엄마와 가정을 꾸렸다.
아버지는
소를 끌며, 쟁기를 잡으며 말없이 이마의 땀을 훔쳤다.
아버지는
한 번도 자신의 인생을 자기 손으로 계획해 본 적이 없었다.
꿈이 있었을지 몰라도
그 꿈은 어느새 논두렁에 흘린 땀방울처럼 사라졌고,
가난한 삶 앞에서는 말이 없었다.
아버지는
마루 끝에 흰 고무신 나란히 올려놓고
장화를 신고 다시 밭으로 나갔다.
하이얀 고무신 한 켤레처럼 꿈도 한켠에 가지런히 놓아두고

다시 일상으로 걸어 들어갔다.

엄마도 아버지도 스스로 움직이는 삶이 아니었다.
누가 실을 잡고 흔들었는지도 모른 채
그저 하루하루를 견디고 살아갔다.
그렇다고 해서 그들의 인생이 의미 없었다고 말할 수는 없다.
그 실 끝에는 자식들이 있었다.
희생이라는 이름의 끈으로 이어진 사랑의 연극.

두 분 다
스스로 움직이지 못하는
마리오네트 같은 인생을 살았지만, 그 움직임이 있었기에
우리는 스스로 움직이는 사람이 될 수 있었다.

 **작가노트**

한 세대를 살아낸 부모님 세대를 어찌 다 알까마는 그래도 내가 보고 느낀 것을 썼다.

선택의 여지가 거의 없던 시대. 태어남이 곧 역할이 되었고, 개인의 꿈은 가족을 위한 책임으로 희미해졌을 것이다. 엄마는 업은 아이의 다리가 흔들릴 때마다 자신의 인생도 흔들리고 있다는 걸 알면서도 어쩔 도리가 없었을 것이다. 아버지는 구두를 꺼내볼 때마다 잃어버린 청춘을 생각했을 것이다.

멸치 3마리

그 시절
까까머리 중학생의 뱃속은
바람만 불어도 꼬르륵이었다.

새벽부터 들에 나간 엄마를 대신해
큰누나는 아직 잠 덜 깬 눈 비비며
동생들 도시락을 쌌다.

둘째 시간,
영어 선생님께서 등판을 보이는
기회를 틈타 몰래 도시락 뚜껑을 열었다.

순간,
뚜껑은 번개처럼 다시 닫혔다.

멸치 3마리.

눈을 질끈 감고 다시 열었다.

맞다.
마치 나를 잡아먹을 듯 노려보는
큰 멸치 세 마리.
그것뿐이었다.

누가 볼까봐
반찬 칸을 책상 안쪽으로 밀어놓고
밥만 다 먹었다.

그날,
나는
멸치는 못 먹었지만
멸치 덕에
배는 불렀다.

세상에서 가장 든든했던
그날의 도시락 반찬
멸치 3마리.

시래기 국

먹어도 먹은 것 같지 않은 시래기국
그래도 대접 밥을 깨끗이 비웠다.

엄마는
숟가락을 부지런히 움직이지 않는 내 앞으로
시래기 국그릇을 밀며
"이거 먹으면 몸에 좋아."

그때 그토록 먹기 싫던 그 맛이 그리워
무청을 그늘에 말려두었다가
푹 삶아서 손질해서 아내 눈치 보며 내민다.
그때 그 맛이 아니다.

나는 몰랐다.
시래기국이 그때 그 시절
엄마가 내어주던
보약이란 걸.

옥수수 계급

옛날 옛적 내가 먹던 옥수수는 단일민족이었다.
누런 알맹이들만 고개 숙여 질서를 지키고 있었다.

오늘 내 입속의 옥수수는 다문화다.
검은빛, 누런빛, 자줏빛, 푸른빛, 하얀빛
색색이 어깨를 기대며 함께 삶아진다.

어릴 적
엄마는 가마솥에 소금 한 줌, 뉴슈가 한 숟갈 넣고
옥수수를 가득 삶았다.
큰 그릇에 담아 마당 한가운데 펼쳐놓은 살평상 위,
엄마는 앉아 손끝으로 한 알 한 알 옥수수를 땄다.

한 웅큼 모이면 아버지 앞에 수줍게 내밀기도 하고,
맏아들에게 다른 아이들 눈 피해 살며시 건네주기도 했다.
가끔은 고개를 뒤로 젖혀 자기 입에도 털어 넣었다.

앞니 빠진 나는 성질 급하게 고개를 한쪽으로 기울여
얼굴을 찌푸리며.
어금니로 꾹꾹 눌러 씹었다.

그땐 몰랐다.
노란 옥수수 알맹이 사이에 엄마의 수줍음도 우리 집의 계급도
그리고, 지금은 없는 가족의 풍경이 숨어 있었다는 것을.

두 손가락

그 시절 학교에서는 도시락 검사를 했는데
이는 먹고사는 일의 심판대였다.
선생님께서는 "보리밥이 더 건강에 좋다."고 하셨지만
나는 보리밥은 먹기 싫었다.
보리쌀은 거칠어서 입천장을 쿡 찔렀고
보리쌀 알갱이가 입안을 맴돌며 삼켜지지가 않았다.

이른 아침, 철커덕—
묵직한 가마솥 뚜껑 여는 소리가 안방까지 들려온다.
부엌에서 피어오르는 김,
그 사이로 엄마는 바삐 움직인다.

나는 안방과 부엌을 잇는 쪽문 고리를 잡고 살짝 밀고 틈으로
고개를 빼죽 내밀고 작은 목소리로 "엄마" 부르고
손가락 두 개를 번쩍 펼쳐 보인다.

내 밥 두 번째로 퍼달라는 것.
꽁보리밥 대신
가운데 쌀밥을 퍼 달라는 것임을 엄마는 알고 있다.

가마솥 밑에는 보리쌀, 가운데 위쪽에는 쌀,
뜸 들인 밥 냄새는 온 집 안을 감쌌지만
어린 내 입은 꽁보리밥을 먹고 싶지 않았다.
입속에서 뱅뱅 돌며 한참을 씹어야 했던 그 느낌.

할아버지, 아버지 밥부터 푸고
그다음 내 밥 떠 달라는 싸인이었다.
엄마 눈길 한 번 주지 않으셨지만 대번에 아셨다.
두 번째 퍼달라는 내 신호는 고스란히 마음에 새겨졌다.

지금은 보리밥 몸값이 더 비싸지만
그때 그 시절, 가마솥 앞에서 퍼주던 엄마의 손맛,
밥 냄새 속에 깃든 사랑은 그 무엇보다 귀했다.

어느새 내 머리에도 세월이 내려앉았지만
지금도 아침밥 냄새가 솔솔 올라오면

문득, 그때의 철커덕 소리와 동시에 내밀던 손가락 두 개
엄마의 웃음이 눈앞에 떠오른다.

생각해 보면 그 한 끼가 고맙던 시절,
그 시절의 밥알은 지금도 내 뱃속 어딘가에서
무럭무럭 자라고 있다.

 **작가노트**

그 시절, 밥은 단순한 끼니가 아니라 마음의 크기였다. 보리쌀이 씹히던 그 투박한 입안의 느낌, 입천장을 찔렀던 알갱이 하나에도 사랑과 고된 노동, 절박한 생계가 깃들어 있었다.

나는 매일 아침, 부엌 쪽문 틈으로 조용히 엄마를 불렀다. 그리고 손가락 두 개를 조심스레 펴 보였다. 말은 하지 않았지만, 엄마는 쌀밥을 향한 아이의 작은 간절함이라는 것을 대번에 아셨다. 어쩌면 그 두 손가락은 '밥 두 번째'가 아니라 사랑을 조르고, 삶을 배우는 몸짓이었는지 모른다. 엄마는 말없이 내 밥을 두 번째로 푸면서 위쪽에는 보리쌀로 살짝 덮었다. 나는 모른 척 쌀밥을 받아들었다.

이 글을 쓰며, 엄마가 가마솥 앞에서 땀 흘리며 퍼내던 그 한 숟갈이 세상을 살아가는 힘이었다는 걸 새삼 깨달았다. 이제는 보리밥이 더 귀한 시대지만, 나는 여전히 내 안 어딘가에서 그 시절의 밥알이 자라고 있다고 믿는다. 그 시절, 밥은 사랑이었고 두 손가락은 엄마와 나 사이의 조용한 약속이었다.

장독에서 퍼 온 사랑

장독대 앞에 서 계시던 어머니의 뒷모습은
내 마음 깊이 남아 있는 가장 오래된 풍경이다.

낡은 양은 그릇에 된장을 퍼서 담던 엄마의 손길,
소금 항아리에서 꺼내던 고등어 두 도막

햇살에 마른 손등, 흙 묻은 앞치마.
그저 밥 한 끼 준비하시던 모습이
세월을 지나
이토록 마음을 뜨겁게 달구게 될 줄 그땐 몰랐다.

리어카를 끌고 나가기 위해 대문을 여는 소리로
새벽을 열었던 아버지
논밭 다녀온 발 마루에 걸터 앉아
된장국 한 숟갈 뜨시고는 "국물이 좋네…!" 하시며
숭늉마저 한 그릇 후루룩 비우고

서둘러 다시 논밭으로 나가셨다.

어느 날, 도시 골목 어귀에서
그 된장국 냄새를 맡았을 때 나는 걸음을 멈췄다.

장독대가 보이고
가마솥에 김이 오르고
어머니가 잿불에 구운 고등어를 밥상에 올려
양손으로 조심스럽게 밥상을 들고
부엌 문지방을 넘어 나오시는 모습이 떠올랐다.

지금은 없는 풍경들이 바람 따라, 마음 따라
불쑥 내 안에서 되살아난다.
그럴 때면 나는 조용히 혼잣말을 한다.

"엄마, 밥 다 됐제…?"

밥이 보약

엄마는 밥이 '보약'이라고 했다.

그래서일까?
몸살이 나서 누워 있는데도 밥은 먹는다.

그래서일까?
늦잠을 자고 일어나서도
밥을 먹어야 하루가 시작된다.

엄마 말처럼, '밥심(밥의 힘)'으로 산다.

밥을 먹으면
아픈 몸도 힘을 내고,
지친 마음도 평화로워진다.

어쩌면, 밥은

우리 모두를 다시 일으키는
작은 기적일지도 모른다.

사랑, 그 아름다운 이름으로

올해만 지나면 대학교 졸업이다.
발걸음이 한없이 무겁다.
4년 동안 한 번도 장학금을 받지 못했기 때문에,
소 팔고 1년 내내 땀흘려 농사지은 벼 팔아서
당신을 위해서 한 푼도 못 써보고 학비를 내 준
부모님의 짐도 덜어드려야 하고,
고등학교 졸업과 동시에 산업전선으로 가서 돈벌이를 한
친구와 힘겨루기도 해야 한다.

그럼에도 어쩌다 세상을 탐험하고 싶은 자유를 잃고
아빠가 되었다.
내 여보는 일본 유학을 다녀와 산업디자이너가 되겠다는
꿈과 몸매를 잃고
엄마가 되었다.
눈에 넣어도 안 아픈 첫째가 태어났다.
다 가진 가족이 되었다.

하지만 마냥 행복해 할 수는 없었다.

70살이 넘은 노부모는 우리가 한 가정을 꾸린 것을
탐탁해 하지 않았다.
"여자는 남자보다 4살 아래여야 된다."고 하며,
"내 눈에 흙 들어가기 전에는 저 여자랑은 결혼 못한다."고
하면서, 아직 대학교 졸업도 안 한 자신의 아들이
세상에서 최고인 줄 아는 그 태도를 고수했다.
그때, 나는 그 말을 듣고 가슴 속에서 싸늘한 무엇이 올라왔다.
어느새 나도 부모님의 기대를 저버린 자식이 되어버린 듯한
죄책감이 밀려왔다.

그럼에도 불구하고 여보는 고개를 숙이며,
"우리의 길을 우리가 만든 거잖아.
그 길을 가고 있으면
언젠가는 부모님께서도 알아주실거야!"라고 말했다.
그 말이 얼마나 위로가 되었는지 모른다.
그 말 속에서 우리는 부모님의 사랑과 걱정에
짓눌려 살아가는 것만은 아닐 거라는 생각이 들었다.
하지만, 그 이후에도 부모님은 변함없이 반대했다.

엄마는 심지어 나와 여보의 결혼을 허락하지 않겠다고 했다.
"너 이 놈, 네가 그렇게 큰 꿈을 가지고 대학에 갔으면서
결혼은 무슨 결혼?"
아버지도 마찬가지로
"그 사람과 결혼한다고? 너의 그런 모습 보려고
내가 소 팔고 밭 팔아서 대학시킨 줄 아나?"
그런 아버지 엄마의 말을 들을 때마다 가슴 한편이 아팠다.
그 순간 여보도, 나도 그렇게 부모님의 뜻을
따르지 않은 것에 대한 부담감을 느꼈다.

하지만 그 사랑을 포기할 수 없다는 것을
처음부터 너무 잘 알고 있었다.
우리가 함께 만들었던 사랑은 그 어떤 것보다 소중했고,
그 사랑을 위해 우리는 포기해야 할 것들이 있었다.

나의 자유도, 여보의 꿈도, 다 조금씩 포기하고,
대신 우리가 만든 작은 가정을 위해 싸워야 했다.

그런데 한쪽 수습해 놓고 나니 또 다른 난관에 부딪혔다.
그야말로 산넘어 산이다.

혼자 딸을 키운 장모님은
"내가 저래 키 작은 남자 만나라고 딸 대학까지 보낸 줄 아냐?"
딸이 대학을 나왔음에도 키 작은 남자를 만나서
결혼하겠다는 것이 자존심이 상했던 것 같다.

결혼식 전날까지 장모님은 여전히 반대의 목소리를 높이며
결혼을 말렸다.
"너 정말 결혼한다고? 내가 너 키울 때 얼마나 힘들었는데.
그 남자랑 결혼하면 네가 원하는 대로 살 수 있겠어?
얼마나 힘들게 살아야 할지 알지?"
내 여보는 그때 또 한번 고개를 숙였다.

"엄마, 저 사람과 함께면 힘든 것도,
아픈 것도, 다 함께할 수 있어요.
그게 우리가 살아가는 이유잖아요. 그런 삶을 원해요."

그 말을 듣는, 장모님의 얼굴에는 잠시 표정이 굳어졌지만,
결국 이렇게 말했다.
"네가 그렇게 원하는데 천하장사인들 말릴 수 있겠나?
행복하게 사는 게 복수하는 거다."

그리고 나서 조금 울컥해 하며 말씀하셨다.
"그래도 내가 살아 있는 한은 너희가 힘들다 하면
내 나름으로 도울게. 잘 살아."
그 말 속에서 내가 느낀 것은,
엄마는 단지 반대만 하는 것이 아니라,
사실 우리를 걱정하고 있다는 것,
그 무엇보다 우리가 행복하게 살아가기를 바란다는 것이다.

힘겨울 때마다, 여보는 내 손을 꼭 잡고 말했다.
"우리는 서로 선택한 길을 가고 있어.
그 누구도 우리를 막을 수 없어."
그 말에 힘을 얻은 나는, 부모님의 걱정과 반대 속에서도
여전히 우리는 우리의 사랑을 지켜나갔다.

아이들이 자라면서,
우리에게는 또 다른 많은 고민들이 있었다.
그때마다 우리는 서로에게 이렇게 다짐했다.
"우리가 만들어가는 삶, 우리만의 행복이 있어.
그 누구도 우리의 사랑을 대신할 수 없어."

우리는 함께 힘든 시간을 겪으며 점점 더 단단해졌고,
아이들에게도 그 사랑을 물려주기 시작했다.

이제는 그들이 우리를 바라보며,
부모님의 사랑과 함께 살아가는 법을 배울 수 있기를 바랐다.

그 사랑, 그 아름다운 이름으로,
우리는 부모가 되었고,
그 사랑을 아이들에게 물려주기 시작했다.
우리의 아이들은 우리의 희생과 꿈을 품고,
그 사랑을 더 큰 세상으로 나아가게 될 것이다.

새벽의 속삭임

어제 밤,
김이 모락모락 나는 삶은 고구마에
김치 길게 찢어서 위에 얹어 실컷 먹고,
커다란 옹기 그릇에 담긴 물을 한 바가지나 마셨다.

새벽녘,
낡은 나무문 틈 사이로 새어 들어오는 달빛 아래
내 방광은 어김없이 나를 깨운다.
조심스레 이불을 걷어내고
문틈을 몇 번이고 살피다가,
살며시 엄마를 깨운다.

"문 열어 놓고, 보고 있을 테니 얼른 다녀와."

더는 참을 수 없어
덜컥 마루 끝 기둥에 달린 백열등 스위치를 누른다.

졸린 눈을 비비며 깜빡이는 전구는
여전히 잠에서 덜 깬 듯 희미하다.

엉거주춤,
서늘한 새벽 공기가 감도는 마당을
조심스레 두 손 비비며 엉거주춤 달려본다.

방으로 돌아오니,
엄마는 아무 말 없이
이불 끝자락을 당겨 올려 얼굴까지 덮어준다.

나는 아직 가시지 않은 두려움에
천장을 올려다보며
숨을 죽이고 눈을 깜빡인다.

 **작가노트**

이 글은 어린 시절 시골집에서 밤중에 화장실을 간다는 것은 도전이었다.

어둠 속에서 느껴지는 두려움과 동시에, 부모의 따뜻한 존재가 주는 안도감이 교차하는 시간이다. 고요한 새벽과 낡은 나무 마루, 백열등의 흐릿한 빛은 시골집만의 정취였다.

삶의 단순함 속에서 느끼는 깊은 감성과 인간미를 전달하고 싶었다.

엄마의 노래

엄마의 엄마를 나는 외할머니라고 부른다.
엄마는 외할머니를 많이 닮았다.
조용한 미소, 무던한 손길, 참는 듯 다정한 눈빛까지.

내가 엄마를 '엄마'라고 부르듯이
엄마도 외할머니를 '엄마'라고 부른다.
그 부름 속에는 그리움이, 미안함이,
끝내 닿지 못한 사랑이 겹겹이 담겨 있다.

엄마는 외할머니께 공손하고 다정하게 대하면서도
늘 "나는 엄마한테 정을 다 못 줬어." 하며 아쉬워한다.
그 말이 내 가슴에 오래 남는다.

엄마에게 나는 이건 이래서 못마땅하고
저건 저래서 못마땅하다고 툭툭 말을 내뱉는다.
마치 엄마가 내 맘을 다 알아줘야 하는 것처럼.

엄마는 그런 나를 묵묵히 바라보다가
따뜻한 국 한 그릇을 떠 주고,
내 빨래를 개켜 놓고,
밖에 나갔다 오면 햇살에 잘 마른 수건을 챙겨 준다.

엄마의 사랑은 말이 아니라
습관이었고, 시간이었고, 삶 그 자체였다.
밤늦게 혼자 앉아
외할머니 얘기를 꺼내는 엄마의 목소리를 들으면
그건 마치 오래된 자장가 같았다.

가락도 없이 흘러나오는 엄마만의 노래.
그 노래는 외할머니에게서 엄마에게,
엄마에게서 나에게로 이어져
언젠가 나도 모르게 흥얼거리게 될 것이다.
그렇게 우리는, 서툴지만 이어진다.
엄마의 노래처럼.

 작가노트

'엄마'라는 존재를 세대의 연결 속에서 바라본 이야기로 나는 누군가의 딸이면서 누군가의 엄마이기도 하다.
말보다 행동으로 사랑을 표현해온 '엄마'의 모습이 실제로 들리지 않는 멜로디지만, 삶 곳곳에 녹아 있는 사랑의 흔적이고, 세대를 관통하며 조용히 흘러가는 인생의 리듬이다.

소 팔러 가는 날

아직 어둠이 가시지 않은 새벽 별빛이 희미하게 깔린 마당,
숨결마다 하얀 입김이 피어오른다.
아버지는 다른 날보다 일찍부터 서둘러 소에게 여물을 먹인다.

오늘은 셋째 형의 대학교 입학금을 마련해야 하는 날.
석 달 전부터 소를 팔아서 입학금을 낸다는 마음을 먹고
밀도 한 바가지씩 넣고, 보리쌀도 아낌없이 넣어서
소죽을 끓이고 매일 같이 정성을 들였다.

"살이 좋아야 제값 받지."
아버지는 입버릇처럼 말했지만,
그 말 속엔 이미 결심이 들어 있었다.
암소는 우리 집 일꾼이자 식구였다.
모내기 끝난 논에서 아버지의 쟁기질을 묵묵히 도왔고,
추수 때도 우직하게 볏짚이나 알곡을 실어 날랐다.

그런 소를 오늘 팔러 간다.
아버지는 말없이 소의 콧등을 쓰다듬는다.
소는 크다란 눈을 끔벅 끔벅거리며 아버지를 바라본다.
무슨 말을 하지 않아도, 서로 무슨 마음인지 안다.
마당에 멍석을 깔고
아버지는 조심스럽게 소의 발굽을 닦아준다.

시장까지 십리 길을 아버지는 한마디도 하지 않았다.
거래가 성사되어 돈을 받아쥐고는
"다른 집에 가서는 일 안하고 살아라."
아버지의 말끝은 떨렸다.
손에 쥔 밧줄을 더 꼭 잡았다.

시장에서 소를 데려가던 사내가 소고삐를 당기는 순간,
나는 고개를 숙이고 말았다.
울면 안 되는데, 자꾸 코끝이 시큰해진다.
형은 기차를 타고 도시로 떠날 것이다.

그리고 언젠가는 우리 가족의 자랑이 되겠지.
그러니까 괜찮다고, 그래도 괜찮다고

나는 스스로를 달래며
아버지 옆에 꼭 붙어서 집으로 돌아왔다.

빈 외양간이 유난히 넓어 보였다.
우리 집엔 또 하나의 희생과 또 하나의 희망이 교차했다.

한 마리 소에 담긴 정성과 삶, 그리고 그 소를 보내는 마음에는 가난하지만 따뜻했던 시골의 풍경과 서로를 위했던 가족의 사랑이 고스란히 녹아 있다.

이 이야기를 통해 어느 시대, 어느 집안에서든 있었을 법한 조용하지만 깊은 사랑의 장면들을 떠올려 본다.

제 3 부

그리움이 말을 걸었다

- 기억에 기대고 앉아,
그 시절을 불러보다 -

내 마음에 어느 날 무다이(문득의 경상도 사투리)
말도 없이 다가오는 그리움이 있었다.
누군가의 이름이 떠오를 때,
익숙했던 냄새가 코를 노크할 때,

이 장에서는 바로 그런 순간을 적어 보고자 한다.

어릴 적 땀 냄새가 진동을 해도 서로 얼굴 찌푸리지 않고 함께 놀던 골목길,
눈이 마주치기만 해도 웃음이 터지던 친구,
아무 이유 없이 설레고 아팠던 학창 시절의 오후들.
시간의 저편으로 멀어졌지만 여전히 마음속에 살아 있는 그 장면들을,
이제는 조용히 꺼내 본다.

하지만 여기 실린 글감과 이야기들은 단지 추억이 아니다.
그 시절의 나를 다시 만나는 시간이며,
지금의 나를 더 깊이 이해하게 해 주는 거울이다.

그리움은 멀리 있는 것이 아니라,
기억에 기대어 앉을 때 우리 곁으로 조용히 걸어 오나 보다.
내 안에 살아 있는 '그때 그 시절'

된장 냄새

마당 끝 장독대에서
된장 두어 숟갈 퍼 와
낡은 양은 냄비에 풀고
풋고추 듬성듬성 썰어 넣어
된장국 끓이던 엄마.

유월 땡볕에 벼 논을 둘러보고 와서
찬물에 밥 말고
생 된장에 풋고추 몇 개로
한 끼를 해결하던 아버지.

내가 가장 오래도록 기억하는 풍경 중 하나,
그때는 된장 냄새가 그토록 싫었다.

대학교 때 자취집에서
아침마다 익숙한 냄새가 났다.

그렇게 싫다던
엄마의 된장국 냄새였다.
그 냄새가
이마를 어루만지는 손처럼
따뜻했다.
당장 달려가 숟가락을 들고 싶었다.
그때마다 나는 혼잣말을 했다.

"엄마, 밥 다 됐나?"

 **작가노트**

어릴 적엔 그저 구수하고 진한 냄새로만 느껴졌던 된장 냄새가, 시간이 흐르고 나니 그리움의 냄새로 다가온다. 엄마의 부지런한 손길, 아버지의 고단한 하루, 그 모든 삶의 무게가 된장국 한 그릇에 담겨 있었다.
이 글은 냄새 하나에 얹혀 돌아오는 가족의 풍경, 있던 따뜻함을 기억해 내려는 마음에서 시작되었다. 문득 그 냄새가 코끝에 맴도는 어느 날, 나도 모르게 이렇게 속삭인다.
"엄마, 밥 다 됐나?"

딱지 한 장으로도 영웅이 되던 날들

종이를 겹치고
접어서 문지르고, 누르고, 밟아서
납작하게 된 딱지 한 장

햇살 번지는 골목 모퉁이
바람보다 빠른 손목 스냅으로
모든 운명을 뒤집으려 안간힘을 썼다

땅바닥 위에 뒤집힌 딱지보다
더 자랑스러운 건
친구들의 감탄

그날 나는 분명
작은 종이 한 장으로
세상의 절반쯤은
뒤집을 수 있다고 믿었다

못 찾겠다 꾀꼬리

"열, 아홉, 여덟…!"
친구들 목소리 쏟아지는 저녁 놀이터
나는 발자국 소리가 들릴세라
신발을 벗어 한 손에 한 짝씩 들고
술래의 바로 뒤에 서 있는
큰 감나무 뒤로 쏙 숨었다

심장 소리가 너무 커서
들킬까 봐 입을 틀어막고
풀잎 틈 사이로
넘어지는 햇빛을 바라 보았다

"찾았다!"는 외침과 함께
친구들 이름이 하나씩 불렸지만
등잔밑이 어두운 게 맞아서인지
내 이름은 끝내 불리지 않았다.

문득 이런 생각이 들었다
혹시 내가 진짜로 사라졌다고
생각하는 건 아닐까?

그날, 술래는 끝내
감나무 뒤에서 웅크린 나를
찾지 못했다.

그때 "못 찾겠다 꾀꼬리!" 하고
술래가 항복을 했다.

숨바꼭질은 술래가 나를 못 찾아야
재미있는 줄 알았지만
실상 끝까지 숨어 있으려니
세상 혼자 된 것 같이
두려웠다.

고무신 배

너무 멀리 가면 안 되는
배가 있었다.

장대비가 쏟아진 다음 날,
학교 앞 시멘트 도랑엔
물이 시냇물처럼 흘렀다

우리는 고무신을 벗어 배를 만들었다

"먼저 다리 밑까지 가는 게 이긴다!"

성현이, 민수, 그리고 나
눈빛만 봐도 진심인 아이들

손바닥으로 물길을 막고
하나, 둘, 셋!

출발 신호에 고무신 배를 놓았다

물 살을 따라 삐뚤빼뚤, 흔들흔들
떠내려가는 고무신 배

누구의 배가 빨랐는지
누구의 배가 뒤집혔는지는 생각나지 않지만
그날 물살에 가장 멀리 떠내려간 건
어쩌면 우리의 웃음이었을지 모른다

종이비행기 따라 꿈도 날았다

아카시 꽃 흐드러지던
오월의 따사로운 햇살 아래
낮은 산마루 나란히 앉아
우린 종이비행기를 접어 날렸지.

꿈을 가지는 것이
사치였던 열다섯 살 소녀,
힘차게 종이비행기를 날렸다.
손길은 떨렸고, 입술은 굳게 다물었다
슬픔을 삼켰다.

친구와 헤어지면서
한 손에는 종이비행기를
한 손으로는 말 대신 안녕이라고 흔들었다.

쉽게 잠들 수 없는 밤

엄마의 두 눈에는 '미안하다'는 듯
눈물이 주르르 흘러 내렸다.
그날 밤 종이 비행기는
접힌 채 서랍 속에 머물렀다.

하지만
종이가 젖어도 다시 마르듯
꿈도 모양을 달리해 다시 날았다.

바람이 방향을 바꾸면
바람개비도 방향을 바꿔야 하는 법이라며,
나는 다른 하늘의 문을 두드렸다.

오늘,
책장을 넘기다
불쑥 날아오른 오래전 그 종이비행기,
아카시 꽃 향기 머금은 채
여전히 맑은 눈빛으로 묻는다.

"지금, 너는 어디쯤을 날고 있니?"

 **작가노트**

어릴 적, 꿈은 늘 하늘을 향해 접히곤 했다. 나는 종이 한 장을 조심스레 접으며, 구름 위를 나는 사람이 되겠다는 꿈을 꾸었다. 그러나 꿈이라는 비행기는 때로 현실이라는 바람을 만나 생각지 못한 방향으로 기울기도 하고, 멈추기도 했다.

이 글은 스튜어디스를 꿈꾸던 열다섯의 나와, 가난이라는 벽 앞에서 눈물 흘리던 엄마 그리고 아카시 꽃 필 때, 산마루에서 함께 웃던 단짝 친구와의 기억을 그리움과 희망으로 다시 접어 띄운 이야기다.

비록 처음 꿈꾸던 길은 아니었지만, 나는 또 다른 하늘을 만나 그 속에서 나만의 비행을 계속해 왔다. 그러기에 이 글은 한 사람의 꿈이 꺾인 이야기가 아니라, 다르게 피어난 이야기다. 누구나 마음속에 하나쯤 서랍 속에 접어 둔 종이비행기가 있을 것이다. 그 비행기가 언젠가 다시 바람을 만나 자신만의 하늘로 날아오르기를 바라는 마음이다.

교복 주머니에 숨겨둔 사춘기

내 교복은 새것이 아니었다.
첫째 형이 입고, 둘째 형이 또 입고,
이제야 내 차례가 되어 돌아온 옷.
무릎은 자꾸 꺾였고,
엉덩이는 형들의 추억만큼이나 낡아 있었다.

엄마는 한밤중까지
헤진 엉덩이에 천 조각을 안에다 덧대고
바느질로 정성스레 누벼 주었다.

그 바느질 틈마다,
형들의 목소리가, 엄마의 한숨이,
내 속마음이 박혀 있었다.

복도 끝에서 누군가 새 교복을
휘날리며 지나가면

나는 괜히 주머니에 손을 넣고
엉덩이를 벽에 붙였다.

말린 편지 한 장, 작은 구슬 하나,
그런 걸 넣는 공간도 아니었지만
내 엉덩이는 늘 벽을 향해 있었다.

똑같은 교복을 입고 있지만
나는 다르게 살아야 한다고,
언젠가는 이 헌 교복을 벗고
나만의 삶을 걸어야 한다고
스스로를 다짐하던 시간.
주머니에 손을 찔러 넣고
하늘을 바라보던 날들,

나는 몰랐다.
그 헤진 교복이
내 사춘기의 가장 단단한 껍질이 되어
나를 지켜주고 있었던 걸.

꼭 3년 터울인 첫째와 둘째
첫째가 졸업을 하면 둘째가 입학을 한다.
둘째 딸이 중학교에 입학할 때
아내가 조심스레 말했다.
"큰 아이가 입었던 교복, 아직 멀쩡해.
그대로 물려주면 어때?"
나는 목소리 높여 단호하게 다소 명령조로 말했다.

"아니! 새 교복을 사줘."
아내와 작은 말다툼이 오갔고,
나는 끝내 그날 딸의 손을 잡고
교복 가게로 향했다.

누군가는 그게 사치라 했겠지만,
나는 알았다.

주머니 속에 감춰진 사춘기는
헝겊 몇 조각으로는 감당되지 않는다는 걸.

지난해 졸업식날

교복이 책상 위에도 널부러져 있고
쓰레기통에도 들어 있었다.

무릎과 엉덩이를 덕지덕지 덧댔던
내 교복이 떠올랐다.

비록 헤졌지만
그 안에는
말하지 못했던 서툰 감정들,
버거운 꿈,
울컥했던 날들,
그리고 나조차 몰랐던
어린 어른 하나가 들어 있었다.

멀쩡한데도 버려진
저 교복에도 사춘기가 들어 있겠지!

 **작가노트**

사춘기는 늘 조용한 곳에 숨는다. 누군가에게는 일기장 속에, 또 누군가에게는 친구와의 비밀 대화 속에, 그리고 나에게는 형들에게 물려 입은 교복 주머니 속에 숨어 있었다.

무릎이 닳고, 엉덩이에 헝겊이 덧대어진 그 교복은 단지 옷이 아니라 내가 처음으로 세상과 어깨를 나란히 하고 싶었던 시기의 풍경이자 서툴지만 단단히 버티고 있던 나 자신이었다.

오랜 시간이 지나 아버지가 되고, 아이의 교복을 두고 아내와 실랑이를 벌이던 날 나는 알았다. 누군가의 사춘기를 존중한다는 것은 그 마음에 작은 공간 하나 내어주는 일이라는 것을.

이 글은, 내 사춘기에게 건네는 작은 인사이자, 내 아이의 마음에도 조용히 귀 기울이려는 다짐이다.

오늘의 시

오늘 그냥 창밖을 바라본다.

중학교 2학년,
창가에서 세 번째 자리였던 그 교실은
햇빛이 들어오기도 전에 하얗게 떠 있었고,
나는 자주 고개를 돌려 창밖을 바라보곤 했다.
체육 시간이 끝난 운동장에는
축구공 대신 먼지만 둥글게 날았고,
은색 종에서 울리는 소리는
언제나 너무 짧게, 혹은 너무 길게 느껴졌다.

나는 공책 가장자리에
조그맣게 '오늘의 시'라고 쓰고,

하얀 구름 한 조각,
길게 늘어진 전깃줄 위 참새 한 마리,
체육복 입고 지나가는 아이들의 웃음 등
뻔한 단어들을 꾹꾹 눌러 적었다.

그땐 몰랐다.
내가 그렇게 적어 내려가던 말들이
그 시절의 숨구멍이었다는 것을.
아무 일도 일어나지 않던 평범한 날에
'오늘'이라는 이름을 붙이고 나서야
비로소 그 하루가 조금 특별해졌다는 것을.

선생님의 목소리는 점점 멀어지고,
나는 자주, 아주 자주
세상이 궁금했다.

내가 어디쯤 있는 건지,
어디까지 갈 수 있는 건지,

지금 이 오늘이
미래의 나에게 어떤 얼굴로 기억될지.

그리고 지금,
그때 내가 쓰던 '오늘의 시'는
이제 어른이 된 내가

뒤늦게야 꺼내 읽는 일기장이 되었다.

지나간 줄 알았던 하루들이
창밖 햇살처럼 다시금 마음을 비추고,
까까머리 중학생 그때의 나를 불러 본다.

"오늘도, 시 한 편 써 두었니?"

 **작가노트**

그땐 그냥 시를 흉내 내듯 썼다. 공책 끝에 '오늘의 시'라고 적고 참새 한 마리, 전깃줄, 교복 입은 친구들―아무 의미 없어 보이는 걸 조용히 눌러 적었다.
지금 생각해 보면, 그건 내가 나를 숨 쉬게 하던 방법이었다. 교복 속 사춘기 마음은 늘 복잡했고, 나는 자꾸만 창밖이 궁금했던 이유를 이제야 알 것 같다. 그 시들이, 그 평범했던 하루들이 내 마음을 붙잡아주던 실체였음을. '오늘'이라는 이름을 붙인 날이 결국 나를 만든 날이였던 것이다.

수학 시험지

『뒷면에 그린 만화 한 장』

나는 수포자였다.
수학 시험지를 받으면 글자와 숫자를
구분하는 것 외에 아무것도 할 수 없었다.
그래서 수학 시험 시간은 나에게
멈춘 시계와 같았다.

다른 친구들이 끝나기를 기다리면서
정답은 모르겠고 괜히 문제 옆에 물음표도 붙여보고,
문제를 다 푼 것처럼 보이려고 시험지를 뒤집었다.

고3이라는 타이틀이 달린 날
수학 시험지 뒷면에
내가 좋아하던 그 아이를 그렸다.
정확히 말하자면,
그 아이를 닮은 어떤 캐릭터였다.
까만 눈동자, 살짝 올라간 입꼬리,

바람에 날리는 머리카락 아래
작은 말풍선을 달았다.
"오늘도 안녕?"
내 마음은 언제나 그렇게,
말대신 그림으로 흘러나왔다.
복도 끝 창문 앞에 서 있던 너를 보며
가슴이 콩콩 울릴 때도,
교과서 사이로 네 메모지를 몰래 끼워 넣을 때도
나는 한 번도 "좋아해!"라는 말을 하지 못했다.

그러니까 그 만화는 내 고백이었다.
선명하지 않지만, 틀리지도 않은
어쩌면 세상에서 가장 솔직한 수학의 답안.
선생님이 시험지를 걷어갈 때
나는 망설이다가
그림 위에 천천히 덧썼다.
"틀려도 되니까, 그냥 네가 좋았어."
물론 그 시험은 낙제였지만,
그 만화 한 장만큼은
지금까지도 내 마음의 정답으로 남아 있다.

 작가노트

나는 '수포자'였다. 그래서 '대학입학 학력고사'에서 수학을 2문제 맞췄다. 남들은 이를 보고 찍어도 어떻게 그렇게 답만 피해서 찍었는지 우스개 소리를 한다. 나에게 수학은 교과서의 공식을 외우고, 문제를 푸는 행위 자체가 늘 나와 먼 나라 이야기 같았다.

수학 시간은 숨 막히는 복도 끝에 갇힌 것 같았고, 시험지 위 숫자들은 나를 바라보지 않는 눈동자처럼 느껴졌다. 하지만 신기하게도, 그 시간에도 내 마음은 가만히 멈춰 있지 않았다. 수학 문제는 풀지 못했지만, 그 옆에 떠오르는 얼굴 하나, 말 대신 그려낸 캐릭터 하나는 숫자보다 더 정확히 내 마음을 설명해 주었다.

시험지 뒷면에 조심스레 그린 그 만화 한 장은 어쩌면 내가 유일하게 '풀 수 있었던 문제'였다. 누군가를 좋아한다는 감정, 말로 꺼내지 못한 고백, 그리고 그 시절 내 마음의 온도 같은 것.

나는 수학을 포기했지만 그 시험지 뒷면에만큼은 결코 포기하지 않았던 게 있다. 바로 마음을 표현하려는 순수한 용기였다. 이 글은 수학이 어려웠던 한 아이가 그래도 사랑만큼은 어렵지 않았다는 고백이다.

웃픈 졸업사진

초등학교(국민학교) 졸업사진을 보았다
사진 속에서 나는 웃지 않았다.
그 모습이 더 웃겼다

머리는 반듯하게 빗겨졌지만
사진 속 나는 입술 한 번 올리지 않고
어딘가 조금은 서늘한 표정으로 카메라를 바라보고 있다.
지금 보니 그 무표정이 참 웃음이 난다.

그때는 웃음이 쉬운 일이 아니었다.
운동회 때도, 소풍 가서도
'얌전하게 해야 한다'는 어른들의 말이 마음을 눌렀고,
마음껏 웃고 뛰노는 게 낯설었다.

일찍 철이 들어서일까? 아니면 어른의 말을 잘 들어서일까?
졸업사진 찍는 날에도

친구들과 웃고 떠들고 싶었지만
내 마음 한편엔
졸업이 마지막이라고
어린 마음을 무겁게 눌렀다.

그때 웃고 싶었던 마음들은
마치 책상 서랍 속에 숨겨둔 작은 쪽지처럼
살짝 가려져 있었고,
사진 속 나는
그 마음들을 감추려 애쓰던 소녀였다.

지금 돌아보면,
그 무표정은 웃음보다 더 솔직했던 나의 모습이었다.
어린 마음의 조용한 용기였고,
부끄러움과 걱정을 품은 나만의 방법이었다.
그래서 졸업사진 속 안 웃는 내가 웃긴다.

그때 웃지 못한 만큼,
이제는 그 시절 나를 다정하게 웃어줄 수 있으니까.

우정

같은 동네, 늘 같은 시간에 마주친 우리였다.
고등학교 3년 동안
아침마다 걷던 그 등굣길은
누군가의 이야기를 묻어두는 비밀 창고 같았다.

교문을 향해 걷는 동안
말하지 않아도 알 수 있었던 감정들,
조금은 부끄럽고, 조금은 설레는 마음들,
서툰 고민과 커가는 꿈들이
그 길 위에 살며시 내려앉았다.

비가 오는 날도, 바람 부는 날도
우리는 서로의 우산이 되어 주었고,
가끔은 아무 말 없이
그저 나란히 걷는 것만으로도
힘이 되었던 날들이었다.

그때 우리는 몰랐다.
비밀 하나쯤은 꼭 묻어둬야
더 오래, 더 단단해진다는 걸.
서로에게 꺼내 보이지 않은 작은 아픔과
속삭이듯 숨긴 작은 희망들.

이젠 각자의 길을 걷고 있지만,
가끔 그 길을 생각할 때면
네가 건네준 따뜻한 미소와
함께 걸었던 그 시간이
내 마음 한편에 깊이 남아 있다.

비밀 하나쯤은 묻어준 우정,
그 덕분에 우린 조금 더 어른이 되었던 것 같다.

친구랑 싸운 날

고등학교 시절, 우린 늘 함께였다.
그런데 어느 날부터였을까,
한 친구가
"나 그 아이 좋아해."

그 말을 듣는 순간,
내 마음은 복잡하게 뒤엉켰다.
사실 나는 그 아이를 진작부터 좋아했다.

친구들을 배신하는 것 같아서
말하지 못했을 뿐이었는데…

그렇게 친하게 지내던 친구가
미워지기 시작했다.

"바보야 넌 왜 말 못했어?"

속으로 내가 나를 꾸짖었다.

이후로 아무렇지 않은 척
같이 웃고, 같이 놀았지만
내 마음 한편은 무겁고 아팠다.

그러다 어느 날,
그 내면의 무게가 폭발했다.
서로 말이 꼬이고, 오해가 쌓여
작은 다툼이 큰 싸움으로 번졌다.
친구 간의 우정에 금이 간 것이다.

시간이 지나면서
우리는 누가 먼저라고 하지 않았지만
"야, 미안했어."
"나도… 미안해."

비 온 뒤에 땅이 더 단단해지듯,
우리가 겪은 갈등과 상처는
오히려 우정을 더 깊게 만들었다.

그때의 감정들은
지금도 소중한 추억과 인연으로 남아 있다.

 작가노트

고등학교 시절, 서로 다른 마음으로 시작된 우리 우정은 때로는 갈등을 겪었지만 그 모든 순간들이 오히려 더 단단한 끈이 되어 주었다. 지금은 각자 다른 길을 걸으며 여러 지역에 흩어져 있지만, 매년 한 번 부부 동반으로 모이고, 3개월마다 만나 소주 한 잔을 기울이며 지난 추억과 현재의 삶을 나누는 소중한 시간을 이어가고 있다. 그때의 순수한 감정과 진심이 우리를 평생 친구로 묶어주었음을 다시 한번 느끼며 이 글을 썼다.

다락에서 찾은 보물

지난 5월 8일, 어버이날이었다.
아이들이 '폭싹 속았수다'를 패러디해 만든 영상을 보았다.

엄마 아빠의 낡은 앨범을 모두 꺼내
사진 한 장 한 장을 정성스럽게 모아 만든 그 영상은
그 자체로 우리 가족의 작은 시간 여행이었다.

그런데 영상보다 더 내 마음을 움직인 것은
아이들이 앨범 속에서 발견한
말라붙은 꽃잎과 나뭇잎,
그리고 낡은 종이에 끄적여진 시를 바라보며
서로 속삭이듯 주고받던 이야기였다.

"엄마는 이랬대."
"아빠는 저랬대."
아이들의 입을 통해 흘러나오는 우리의 어린 시절은

참으로 순수했고, 빛났다.

그때 우리도 나름의 꿈을 품고
조용히 세상을 마주했음을 알았다.

낡은 꽃잎 한 장에도
여름 햇살이 가득했고,
나뭇잎 한 조각에는
그리움이 담겨 있었다.

그 시절의 소리와 향기가
아이들의 말 속에서 다시 살아나
내 가슴 깊이 스며들었다.

우리는 그렇게 꿈꾸며 살았다.
부서지고 흔들리기도 했지만
그 모든 순간이 모여
지금의 우리를 만들었다는 걸.

다락방에서 찾은

오래된 앨범과 말라붙은 꽃잎 사이에서,
오래된 보물이 쏟아졌다.

 작가노트

어버이날, 아이들이 만든 영상과 함께 옛 앨범을 꺼내 보면서 어린 시절의 나와 남편의 모습을 다시 마주했다. 보물찾기를 해서 선물을 받았다.

말라붙은 꽃잎과 낡은 사진 속에는 시간이 흐른 만큼이나 아련한 기억과 순수한 꿈들이 숨 쉬고 있었다. 아이들의 작은 목소리로 들려오는 우리의 이야기는 저런 때도 다 있었구나 싶었지만, 과거와 현재를 잇는 다리가 되었다.

낮잠

농장에서 낮잠을 잤다.
문득 어린 날 문간방에서 자던 달콤한 낮잠이 떠올랐다.

문간방은 마루 끝에 딸린,
바람이 제일 먼저 드나들던 곳이었다.
여름이면 문을 활짝 열어두고,
햇살과 나뭇잎 그림자가 나란히 드리웠고
겨울이면 거친 문풍지 틈 사이로 스며드는 바람결까지
할머니의 무릎 담요 안으로 파고들곤 했다.

나는 그 방에서 자주 낮잠을 잤다.
정확히 말하자면, 할머니의 품에 안겨 잠이 들곤 했다.
비닐 장판 위에 깔린 목화솜 직접 따서 만든 이부자리,
그 위에 반듯하게 누운 할머니의 옆구리에 파고들면
온 세상이 그분의 심장 소리처럼 느리게 움직였다.
할머니의 숨소리는 조용하고, 깊었다.

살짝 떨리는 숨결 속에는
몇 번의 겨울과 긴 세월이 고여 있었고
나는 그 소리를 자장가처럼 듣다가
어느새 꿈속으로 스르르 빠져들었다.

여름 한낮 소란스럽게 이쪽 저쪽 장단 맞춰 울고
대문 밖 골목에서는 아이들 노는 소리가 들렸지만
문간방 안은 평화로웠다.

하늘을 이불 삼아 낮잠을 잤지만
그때 그 문간방에서처럼,
'잘 잤다'라는 감탄사가 나왔다.

돌아오는 길은 없는지

― 일찍 떠난 아버지를 그리며 ―

아버지를 마음껏 불러 본 기억이 없다.
기억 저편에서 아버지는 늘 그림자처럼 서 계셨고,
나는 그 그림자 속에서 자라났다.
무엇을 좋아하셨는지, 어떤 목소리로 노래를 흥얼거리셨는지
그 모든 것들이 내겐 전해지지 않은 옛 노래처럼 멀고 흐릿하다.

사람들은 말한다.
시간이 지나면 그리움도 옅어진다고.
하지만 나는, 시간이 갈수록 그 빈자리가 더 선명해진다.

국민학교(초등학교) 때
학기 초가 되면 선생님께서는 가구 조사를 했다.
"집에 텔레비전 있는 사람?"
"집에 다리미 있는 사람?"
"집에 경운기 있는 사람?"
묻고 손 들게 하고 수를 세었다.

그런데 다른 건 다 있는 사람 손 들라고 하면서
"엄마 없는 사람?"
"아버지 없는 사람?"은 없는 사람 손 들라고 했다.
나는 "아버지 없는 사람?" 손 들라는 선생님이 원망스러웠다.
그래서 손을 책상 안에 넣어 두고 주먹을 꼭 쥐고
책상 위에 주먹 쥔 손가락만 보일 정도로 올리며
발발 떨었다.

운동회 날,
다른 아이들이 아버지 손을 잡고 들어오던 순간,
나는 문득 하늘을 올려다보곤 했다.
혹시, 혹시라도 아버지가
구름 사이로라도 내려다보고 계시지 않을까 싶어서.

어른이 되고 나서,
아버지가 얼마나 많은 무게를 짊어지고
얼마나 조용히 아물지 않는 상처를 안고
살아내셨을지 어렴풋이 짐작이 간다.

그리고 문득문득 묻는다.

"그땐 많이 아프셨나요?"
"나한테 하고 싶은 말이, 사실은 있었던 거죠?"
사진 한 장, 낡은 공책 몇 줄로는
당신이라는 사람을 온전히 다 헤아릴 수 없다.

그래서 나는 지금도 묻는다.
돌아오는 길은 정말 없는지.
잠시라도, 아주 짧은 꿈속이라도
다시 한번, 아버지를 만날 수는 없는지.
차마 다 자라지 못한 자식의 마음으로
나는 오늘도 그리움 속에서
당신의 이름을, 조용히 불러본다.

 **작가노트**

아버지는 내가 어릴 때 떠났다. 긴 이야기를 나눠보지도, 등을 쓸어달라 조르지도 못했는데 그렇게 떠났다. 살면서 아버지의 빈자리는 아주 컸다. 시간이 지나면 옅어질 줄 알았지만 더 짙어졌다.

이 글은 그리움이 사무칠 때, 한 번쯤 마음속에서라도 아버지를 불러보고 싶은 자식의 편지 같은 글이다. 돌아올 수 없다는 걸 알면서도, 그래도 한 번쯤은 묻고 싶다. 돌아오는 길은 없는지요?

묵은지

나는 중학교 때 아카시 꽃 피는
동산에 앉아 꿈을 나누던 단짝 친구를
휴대폰에 '묵은지'라고 저장했다.

겨우내 땅속에 묻혀있던 김장독을
봄이 와서 꺼내어 뚜껑을 열면
줄어든 김치 위로
하얀 곰팡이 한 겹.
조심스럽게 한 겹을 걷어내면
겨우내 묵은 냄새가 훅, 올라온다.
시큼하고 짭짤하게 삭은 향기.

엄마는 겉잎을 걷고
묵은 김치를 대야에 담는다.
물에 흔들며 양념을 털고
잠시 담가두었다가

들기름에 달달 볶는다.
삭은 것들에서 봄 냄새가 난다.

친구도 오래되었지만
짧은 시간에 흉내낼 수 없는
깊은 맛이 있다.

마음 한편, 묵은 햇살이 눕는다

아버지가 일찍 돌아가시고
언니는 나보다 열 살이 많아
내가 초등학교 저학년이었을 때 이미 시집을 갔다.
그래서 엄마와 나는 긴긴 세월을 단둘이 지냈다.
엄마는 내 이름을 부르는 법이 없었다.

항상 "우리 막내, 우리 막내."
뭘해도 "우리 막내."

고등학교 2학년 겨울, 엄마는 갑상선 수술을 받게 되었다.
하얀 병원 복도에 앉아 나는 열여덟 살짜리 '보호자'가 되었다.

"수술 중 성대를 건드리면 평생 말을 못할 수도 있고,
기도를 건드리면 목에 호스를 꽂아
음식을 드셔야 할 수도 있습니다.
이 모든 것에 병원은 책임지지 않습니다.

수술 동의서에 보호자 서명이 필요합니다."

그 순간, 눈앞이 뿌옇게 흐려졌다.
보호자라는 단어가 내 어깨를 짓눌렀고
펜을 쥔 손이 덜덜 떨렸다.
"우리 막내가 고생이 많다."
엄마는 환자복을 입고도
당신보다 나를 더 걱정하는 눈빛이었다.

나는 서명했다.
그 작은 글씨 하나하나에 엄마를 지키고 싶은
열여덟 살의 기도가 들어 있었다.
수술은 다행히 잘 끝났고
엄마는 예전처럼 "우리 막내야-" 하고 부르며
주방에서 겉절이를 무치고 된장국을 끓였다.
나는 그 일상의 모든 소리가 기적처럼 들렸다.

그 후로 엄마는 긴 시간을
세상과 마주하며 사시다가 돌아가셨고
나도 나이가 들어 엄마가 되었다.

이제는 내가 묻는다.
"엄마, 밥 드셨어요?"
"엄마, 어디 불편한 데는 없어요?"
오늘따라 오래 전 병원 복도를 떠도는 그 햇살이 떠오른다.
누군가의 생사를 가르던 차가운 겨울 햇살.
그때 나는 어른 놀이를 하였고, 엄마는 자식 놀이를 하였다.

문득,
내 마음 한켠 오래 묵혀 있던 이야기 하나가
따사로운 아침 햇살에 기대어 살며시 누워 본다.
햇살이 나에게 "너 잘 살고 있어.
그날의 너도, 오늘의 너도."라며 속삭인다.

 **작가노트**

사람의 마음 한구석에는 절대 잊히지 않는 장면 하나쯤 있다. 그 장면은 언젠가의 눈물과 한숨, 그리고 오래된 사랑의 목소리를 품고 있다. 이 글은 열여덟의 내가 엄마를 지키고자 했던 어린 보호자 시절의 기록이자, 지금의 나를 지탱해주는 조용한 햇살이다.

세상 모든 '우리 막내'들에게, 그리고 그들의 엄마를 생각하며….

그리움이 그때의 온도로 말을 걸어온다

아카시 꽃이 피는 오월이면 매년 그리움으로 몸살을 앓는다.
단발머리 중학생 시절,
산 하나를 사이에 둔 앞 동네에 살던 너.
우리는 학교가 끝나면 가끔 아카시 나무 아래 앉아
"우리도 언젠가 커서 뭔가 멋진 일을 하겠지?"
말하며 먼 미래를 꿈꾸곤 했지.

시간은 무심히 흘러
양갈래 머리 고등학생이 된 너는 문과로,
나는 상과로 길이 갈렸고,
가끔 학교 복도에서 마주쳐도
괜히 주위 시선을 의식하며 그냥 지나쳐야 했던 날들.
그날 저녁이면 나는 늘 앞산 넘어 너의 집 쪽을
가만히 바라보곤 했단다.

그렇게 35년.

서랍 속 낡은 편지처럼 마음에 넣고만 살았는데,
어느 날 아카시 꽃 향기에 이끌려
나는 결국 너를 찾아 나섰지.
백방으로 수소문해서 드디어 너와 통화하게 된 날,
나는 너무 반가워 말도 제대로 잇지 못하고
그저 눈물만 뚝뚝 흘렸지.
전화기 너머 "잘 지냈어?" 하는 너의 목소리가
그때 그 온도 그대로여서 가슴이 뭉클했단다.

"우리 꼭 한번 만나자."
그 한마디 약속에 내 심장은 한 달 넘게 쿵쾅거리며 설렜어.
그리움은, 시간을 지나도 식지 않더라.
그때의 따뜻함으로, 그때의 떨림으로,
오늘도 나를 다시 너에게로 데려간다.

만남은 오래 기다린 만큼 짧았다.
그날 너를 바라보며 나는 속으로만
'정말 잘 살아줘서 고마워'라고 중얼거렸다.
우리는 예전처럼 많은 말을 나누진 못했지만
눈빛과 미소로 그동안 꾹꾹 눌러온 시간을 주고받았지.

그날 이후,
아카시 향기는 더 짙어졌고 그리움은 더 따뜻해졌다.
지나간 것들이 전부 사라지는 게 아니라
가슴 어딘가에서 조용히 살아
이렇게 다시 나에게 말을 걸어올 줄이야.
사람이 사람을 그리워한다는 건
참 오래된 기도 같다는 생각이 들었다.

 작가노트

"그 시절, 그 이름, 그 향기."

어느 봄날 문득 떠오른 이름 하나가 내 마음속 오래된 문을 조심스럽게 열었다. 서로의 삶은 다른 방향으로 흘러갔지만 기억은 그때의 온기로 남아 오늘도 아카시 꽃 향기처럼 내 일상에 조용히 스며들었다.

이 글을 쓰는 동안 나는 다시 그 소녀였고 너는 여전히 웃음이 예쁜 친구였다. 그리움은 때로 사라진 것이 아니라, 기다리고 있었던 것임을 이제는 안다.

친구야! 너를 떠올리면 아카시 향기보다 더 진한 향기가 생각난단다.

달빛보다 조용하게 눈물보다 따뜻하게

첫 부모라는 말은 없다.
부모는 바꿀 수 없으니까
첫사랑이란 말은 있다.
사랑은 때로, 떠나보낼 수 있으니까

엄마 혼자 짓는 논밭
그 위로 딸의 꿈이 자란다
서울, 그 멀고 큰 이름에
딸의 마음이 가 있다

잠들기 전, 나란히 누운 자리
엄마는 말없이 딸의 손을 꼭 잡는다
한참을 그러다, 아주 조용히 말한다

"능력 없는 엄마라서 미안해!"

그리고 덧붙인다
언니 집에서 지내면
먹고 자고는 해결되니
그래도 꿈은 이어질 수 있지 않을까?

 **작가노트**

이 글은 서울의 대학에 가고 싶다는 딸의 꿈 앞에 삶의 무게를 감춘 채, 그저 손을 꼭 잡아주는 어머니의 조용한 마음을 담았다.
"능력 없는 엄마라서 미안해!"라는 한마디 안에 수많은 계산과 밤샘과 눈물이 있었을지도 모른다. 그러나 그 말조차 달빛처럼 조용하고, 눈물보다 따뜻하게 딸의 마음에 닿기를 바라는 마음으로 전해졌을 것이다. 꿈을 응원하면서도 현실을 알려야 하는 그 모순된 사랑을 어머니는 소란 없이 품었다.
이 글이 어떤 딸에게는 그리운 손길로, 어떤 어머니에게는 지나간 밤의 속삭임으로 닿기를 바란다.

살아오며 수없이 지나친 길과 계절들.

그때는 그냥 흘려보냈던 장면들이

어느 날 갑자기 내 안에서 하나의 이야기로 되살아난다.

이제 나는 그 기억들을 되짚어 걸으며

그때 미처 알아채지 못한 마음들을 만난다.

그곳에는 내가 사랑했던 사람들,

내가 사랑받았던 시절,

그리고 지금의 나를 만든 조용한 시간들이 있다.

4부는 인생의 길목에서 바라본 풍경이다.

지나간 것이 아니라, 내 안에 머물러 있는 시간들.

그것들이 나를 지금 여기까지 데려왔다.

장날 오후

3일과 8일마다 사람과 냄새와 목소리가 섞이는 날.
그날은 언제나 엄마의 양손이 궁금한 아이는 들뜬 설렘이다.

까만 고무테가 두 줄 나란히 돌아가면서 끼익끼익 소리내고
고소한 참기름 냄새가 코를 파고드는 곳
좌판에는 더위를 이기지 못한 조기, 갈치, 고등어가
축 늘어져 비린내로 존재감을 뽐내는 곳
할매들은 머리에 수건을 뒤집어 쓰고
정겨운 사투리로 깎고 덤지고,
할배들은 장화 신은 발로 좌판 앞에 쭈그리고 앉아
멸치 한 줌 집어들고,
"에이, 이거 묵어도 되것나?" 하며 흥정을 하는 곳

왁자지껄하게 사람 사는 냄새가 나는 곳

오후가 되면 한 사람 두 사람 돌아가고 장은 파장이 된다.

드문 드문 남은 사람들에게 장사들은
"자 떨이라서 싸게 팝니더! 많이 준다 카이!" 목청을 높인다.

거기선 시간도 한 박자 느리고, 돈보다 정이 먼저 오가고,
쓸데없는 수다 속에 하루가 저문다.

옛날 그 옛날 내가 어린 날에는
흙먼지 날리며 달려오는 버스 안에 있는 엄마의 양손에는
보따리가 하나씩 아니 어떤 때는 세 개씩 들려있다.

마중 나와 있던 아이는 제 몸무게보다 무거운 보따리를
넙죽 받아 들고 엄마 따라 종종걸음을 걷는다.

바람 불면 시간은 그리움이 된다

바람 부는 날, 길을 걷다가
어디선가 '비와 찻잔을 사이에 두고' 노래가 흘러나온다.
불현 듯 누군가가 떠오른다.

까만 교복에 모자 비뚤게 쓰고
그날의 그 사람. 손끝이 닿기만 해도
심장이 두근거리던 시간.
우산 하나로 두 사람이 나란히 걷던 여름 소나기,
해 질 무렵 버스정류장에서
아무 말 없이 나를 바라보던 눈빛.
그때는 몰랐다. 그 모든 순간이
이렇게 오래도록
바람에 실려 올 줄은.

불어오는 바람이 문득
그 사람의 향기처럼 느껴질 때

나는 비로소 시간을 되짚는다.

사라졌지만 사라지지 않은 감정.
지나갔지만 여전히 머무는 기억.
그래서 바람이 불면
시간은 어김없이 그리움이 된다.

지금도 그날처럼

세월이 많이 흘렀지만
그 집은 여전히,
말없이 나를 안아준다.

마당 한편에 키 자랑하는 감나무는
가지를 덜어냈어도
가을이면 여전히
주황빛 웃음으로 반긴다.

불 피우던 부엌은 비었지만
그날의 연기 냄새는
아직도 코끝에 머문다.

처마 밑에 메달아 놓은 마늘, 양파,
마루 끝 고무신 한 켤레,
방 안 가득하던 메주 냄새까지—

모두 그대로,
기억 속에 살아 있다.

문을 열고 들어서면
아버지는 "왔나?" 하실 것 같고
엄마는 "밥 다 됐다." 하실 것만 같다.

그날은 멀어졌어도
그 집은 지금도
그날처럼
내 마음 속에서
조용히 문을 열고 나를 반겨준다.

아버지의 털신

열흘 후면 중학교 입학식이었다.
교복은 형이 입던 걸 물려받았다.
무릎도 엉덩이도 많이 헤졌지만,
그걸 입는 것만으로도 설레었다.

내일 장날, 아버지와 함께 운동화를 사러 가기로 했다.
밤새 함박눈이 펑펑 내렸다.
아침이 되자 눈이 소복하게 쌓였지만
아버지 손을 잡고 장으로 향했다.

장터에 도착해 신발가게에 들렀지만,
발이 아주 작은 내 발에 맞는 운동화는 없었다.
다음 장날에 찾겠다고 주문을 하고
아버지와 나는 장터로 나왔다.
나는 아쉬움도 잠시, 장터 구경에 정신이 팔렸다.
하지만 돌아오는 길, 얼어붙은 눈길에 발끝이 점점 시려왔다.

나는 가끔 멈춰서서 발을 두 손으로 감싸쥐고 호호 불었다.
보다 못한 아버지는 걸음을 멈추고 말없이 자신의
오래된 털신을 벗어서 나에게 신겨 주었다.
너무 컸다. 그러자 양말도 벗어 내 발에 꿰어 넣으시며
"너는 아직 어려서, 이 정도 바람에도 시리다."고 하셨다

나는 따뜻했다.
아버지의 털신과 양말 덕분에 집까지 따뜻하게 집으로 왔다.
하지만 아버지는, 맨발에 고무신을 끌고
그 깊은 눈길을 묵묵히 걸으셨다.

집에 도착한 아버지는 말없이
소죽 끓이는 아궁이 앞에 쪼그려 앉으셨다.
발목을 받쳐 들고 불을 쬐던 아버지의 발은
벌겋게 얼어 있었다.

며칠 동안 아버지는 감기로 몸져 누우셨다.
나는 밤마다 몰래
아버지의 발을 주물러드리며 속으로 조용히 울었다.

세월이 흘러 나도 아빠가 되었고,
겨울이면 아이가 "추워요."라고 할 때마다
그날의 아버지가 떠오른다.
하얀 눈밭을 고무신 신고 걷던 그 발자국.
말없이 내게 벗어주던 그 따뜻한 털신.
그건 아버지가 내게 가장 먼저 가르쳐 준
아버지의 사랑이었다.

큰형 군대 가던 날

 큰형은 원래 말이 없는 사람이었다. 웃는 모습도 보기 드물었고, 동생들한테 살갑게 군 적도 거의 없었다.
 어릴 땐 같이 놀다가 한 번쯤 웃어줄 법도 한데, 항상 한쪽 구석 혼자 앉아 조용히 무슨 생각에 잠겨있거나, 책을 보고 있었다. 형은 말수가 적은 대신 자신의 일은 알아서 잘하는 편이었다. 그런 형을 어른들은 "입이 무겁다."고 하면서 무릇 장남은 그래야 한다고 여겼지 누구도 그걸 탓하진 않았다.
 그래서 온갖 사랑은 다 받았다. 하지만 누군가에게 마음을 주고 챙기는 일엔 서툴렀다. 하지만 우리 집에서 형은 전쟁 통에 첫 아이를 유산하고 많이 기다리던 자식이라서 '금동이'였다.

 형이 군대 가던 날 아침, 어머니는 아직 어두운 새벽에 일어나 어디서 전해지는 이야기인지는 모르지만, 군대 가는 날 아침은 미역국을 먹어야 한다며 쇠고기 미역국을 끓이셨다.
 우리 집에서 고기국은 명절에도 보기 힘든 귀한 음식이었다. 그날 밥상은 형보다 내가 더 설렜다. 식탁에 둘러앉았지만 다들 말이 없었다. 숟가락질 소리만 나고, 김이 모락모락 올라오는 국물만 후루룩 넘어갔다. 형은 밥을 거의 다 먹고 나서야 겨우 한 마디 꺼냈다. "잘 먹었습니다." 그게 끝이었다.

그때 아버지께서도 숟가락을 내려 놓으며 무심하게 툭 던지듯 물으셨다.

"영장은… 잘 챙겼제?"

형은 말없이 고개만 끄덕였고, 아버지는 잠시 형을 바라보다가 다시 숭늉 그릇을 들고 얼굴을 가렸다. 말은 짧았지만, 나는 그 한마디가 아버지의 밤새 뒤척임이었단 걸 그날 처음으로 알았다.

아버지는 고무신을 반쯤 신은 채 마당 끝까지 따라 나가셨다. 형이 뒤도 안 돌아보고 걷는데, 아버지는 대문 앞에 묵묵히 서서 형이 저 멀리 신작로에 멈출 때까지 그저 고개만 끄덕이면서 보고 계셨고, 엄마는 마루 끝에 멍하니 서서 형이 가는 길을 따라 눈만 끔뻑거렸다.

뽀얀 먼지 날리며 도착한 버스가 형을 태우고 마을 어귀를 돌아 사라졌을 때, 어머니는 그제야 앞치마 끝으로 눈가를 훔치며 부엌으로 들어가셨다. 그 이후로 아버지는 한동안 말씀이 없으셨다.

 **작가노트**

아들이 군대 가는 날 '부모 심정이 이랬겠구나!'라는 생각을 하였다. 키가 나보다 큰 녀석이 쑥쓰러워 하면서 거수경례를 하는데, 괜히 가슴이 뭉클했다. 군부대에 혼자 남겨두고 집으로 돌아오는 길, 문득 오래전 기억이 떠올랐다.

내가 국민학교(초등학교) 학생이던 어느 겨울날, 큰형이 군대를 가던 날이었다. 그때 아버지는 "(입영) 통지서는 잘 챙겼제?" 딱 한마디 물으셨고, 어머니는 형이 대문 밖에 나가기도 전부터 앞치마 끝으로 눈물을 훔치면서 감정을 가슴에 꼭꼭 눌러 담았다.

지금은 휴대폰으로 문자도 보내고, 소포도 바로 부칠 수 있는 시대가 되었다. 하지만 그날 아버지가 마당 끝에서 형을 바라보던 그 눈빛만큼은 마치 형이 다시는 돌아오지 못하는 곳으로 가는 것 같았다.

이 글은 아버지의 무뚝뚝한 걱정, 어머니의 조용한 울음, 그리고 그 속에서 형을 바라보던 어린 내 마음을 나도 아버지가 되어 보니 그 마음을 조금은 알 것 같기에 썼다.

황금보다 더 소중한 새 운동화

나는 우포 늪과 함께 숨 쉬며 살아가는 마을에서 태어나 유년기를 보냈다. 마을 사람들은 늪이 주는 먹을거리와 계절의 기운에 맞춰 삶을 꾸려나갔다.

지금이야 관수로가 생겨 물길을 조절할 수 있지만, 그 시절에는 자연이 모든 것을 좌우했다. 비라도 집중되면 우포 늪의 물은 거침없이 역류해 마을 앞 논을 삼키고, 길도, 마당도, 집 앞 공터도 온통 흙탕물로 만들어 버려서 마을 앞 길은 멀리서 보면 사막과 같았다. 우리는 이럴 때 학교에 가려면 신발을 벗어 책가방 안에 넣고, 책가방을 머리에 이고 물길을 걸었다.

물은 내 발목을 넘어 무릎께까지 찼고, 물속에는 물뱀이 스르르 지나가기도 하고, 벼 논에 있던 개구리밥이 떠다니기도 했다. 어느 날은 손바닥만 한 메기가 내 발 밑에서 튀어나가 깜짝 놀랐던 기억도 있다.

그해 여름, 엄마가 장에 가서 새 운동화를 사오셨다. 하얀색에 가운데 반달 모양의 고무로 된 검정색이었다. 나는 내일 새 운동화를 신고 학교에 갈 생각을 하니 잠이 오지 않았다. 엄마는 그런 나를 보더니 "오늘밤에 비가 많이 올 것 같으니 내일은 신던 신발 신고 가!" 하셨다. 그러나 나는 새 신발을 신고 가고 싶어서 "조심해서 신을게."라고 하고 머리맡에 머리맡에 두고 잠이 들었다.

그런데 다음 날 아침 눈을 떠 보니 밤새 내린 비로 마을 앞이 작은 강처럼 변해 있었다. 학교에 갈 때도 아까워서 바로 신지 않고 책가방에 곱게 넣었다. 그 고무신을 신는 첫날을 특별하게 간직하고 싶었기 때문이다.

그러나 비는 여전히 그치지 않았고, 마을 앞길은 여전히 흙탕물이었다. 나는 머리에 책가방을 이고 또다시 물길을 건넜다. 허리께까지 차오르는 물살을 견디며 조심조심 걸었는데, 그만! 책가방이 살짝 흔들리더니 안에 있던 새 고무신 한 짝이 툭 떨어져 흙탕물 속으로 빠져버렸다. 깜짝 놀라 허겁지겁 몸을 숙이고 손을 더듬었지만, 물은 탁했고 바닥은 미끄러웠다. 손끝에 아무것도 닿지 않았다. 새 고무신은 순식간에 물속 어딘가로 사라졌다.

나는 그 자리에서 주저앉아 울음을 터뜨렸다. 새 신발을 신어보지도 못하고 잃어버렸다는 사실이 억울하고 슬퍼서, 눈물이 멈추지 않았다. 아이들은 지나가며 킥킥 웃었고, 나는 결국 한 짝만 남은 고무신을 들고 맨발로 학교에 갔다. 선생님은 내 발바닥을 살펴보며 안쓰러운 표정을 지으셨다.

그날 저녁, 어머니는 흙탕물 속으로 들어가 바가지로 퍼가며 고무신을 찾아보셨지만, 끝내 찾지 못하셨다. 아무 말 없이 돌아온 어머니는 잠시 후 남은 한 짝 고무신을 조용히 버리셨다. 그 순간, 나는 두 짝 모두 잃은 듯한 마음에 다시 눈물이 났다.

지금도 장맛비가 쏟아지는 날이면, 그 날의 기억이 문득 떠오른다. 새 고무신 한 짝, 신어보지도 못한 채 떠나보낸 그 여름날. 흙탕물 속을 맨발로 걷던 내 발바닥엔, 세상과 자연과 엄마의 마음이 고스란히 새겨져 있었다.

 **작가노트**

이 글은 유년 시절의 한 조각 기억에서 비롯되었다. 새로 산 색동 고무신은 단순한 신발이 아니라, 가난한 시절을 살아가는 아이에게는 설렘이고, 자부심이며, 어머니의 사랑이 담긴 선물이었다.

그 귀한 것을 제대로 신어보지도 못하고 잃어버린 순간의 슬픔은 지금도 선명히 기억난다. 그 시절엔 흙탕물도 일상이었고, 눈물이 나도 꾹 참고 살아야 하는 날들도 운명처럼 여겼다.

아마도 그런 순간들이 쌓여, 지금의 나를 만든 삶의 바탕이 되었지 않을까 하고 생각한다.

말 없는 사랑의 언어

- 아버지의 기침 소리 -

어릴 적, 우리 집에서 가장 먼저 귀 기울여야 했던 소리는 다름아닌 아버지의 기침 소리였다. 그 기침은 단순한 몸의 증상이라기보다, 말수 적은 아버지의 감정과 상태, 그리고 그날 집안의 분위기를 알리는 일종의 신호였다. 감기에 걸린 날이면 아버지의 기침은 건조하고도 길었다.

"코올록, 코올록."

그 소리가 들리면, 어머니는 소죽을 끓이는 가마솥에 물을 데워서 아버지의 발을 담그게 하셨다. 무즙에 꿀을 섞어 숟가락 꽂아 내밀며, "이거 먹으면 좀 나아질 거예요."

나는 한쪽 구석에서 그 모습을 바라보며, '아버지도 약을 드시네' 라는 짠한 생각이 들었다.

아버지의 기침이 꼭 아픈 날에만 들렸던 것은 아니다. 술기운이 오른 날에는 대문 앞에서 "어허, 어허" 하는 헛기침은 "나 왔다"는 아버지만의 인사였다.

그 소리에 어머니는 부리나케 신발을 끌며 대문을 열어 나가셨다. "여태껏 안 잤구려…." 하시면서도 얼굴에는 걱정 섞인 반가움이 깃들어 있었다.

그 소리를 들으며 나는 이불 속에서 눈을 감았지만, 마음 한편은 포근해졌다. 아버지가 들어오셔야 우리 집의 하루가 완성되는 듯한 마음이었다.

반면, 짧고 낮게 깔린 "어어허―." 하는 기침은 누구나 알아채야 할 신호였다. 무언가 못마땅하거나, 분위기를 정리하고 싶을 때 나오는 그 기침. TV 소리는 조용히 줄어들었고, 아이들의 웃음소리는 사라졌다. 어머니는 괜히 바가지를 들고 부엌으로 들어가셨다. 그 짧은 기침 하나가 우리 집을 잠시 숨죽이게 만들곤 했다.

가장 따뜻했던 기침은 하루의 고단함 끝에서 흘러나오는, 그저 몸을 가다듬는 듯한 작은 기침 소리였다. 마당 끝 마루에 걸터앉아 내는 목구멍에서 내는 가벼운 기침. 나는 문 너머로 그 뒷모습을 바라보며, 굽은 어깨와 굵은 손가락, 그리고 그 기침 소리 속에 아버지의 하루를 읽었다.

지금 나는 아버지 나이쯤 된 가장이 되었다. 일을 마치고 책상 앞에서 나도 모르게 기침이 나올 때면, 문득 아버지가 떠오른다. 그때는 몰랐지만, 기침 하나에도 가족을 먹여 살리는 책임감과 말 못할 감정이 담겨 있었음을 이제는 안다.

　이제는 다시 들을 수 없는 아버지의 기침 소리. 그러나 내 기억 속에서는 여전히 선명하고 따뜻하다. 기침 소리 하나로 말 없는 사랑을 전하던 그분이 지금 이 순간도, 내 마음속 마루 끝에 앉아 계신 듯하다.

 **작가노트**

어느 날 문득, 내 입에서 아버지와 비슷한 기침 소리가 새어 나왔다. 그 순간 오래전 기억들이 조용히, 그러나 생생하게 되살아났다. 어릴 적에는 그저 어른들의 버릇이라 여겼던 기침 소리 속에 그토록 많은 감정과 말들이 숨어 있었음을 지금에 와서야 비로소 깨닫는다.
이 글은 말보다는 몸짓과 소리로 살아가셨던 아버지의 삶을 기억하고, 되새기는 조용한 헌사다. 누군가의 아버지도, 혹은 지금의 나 자신도 이렇게 말하지 못한 사랑을 품고 살아가고 있음을 기억하길 바란다.

엄마의 기침 소리

어머니의 기침은 작고 얇은 실처럼 가늘게,
조심스럽게 흘러나왔다.
어릴 적 밤이면 부엌에서 들려오던 잦은 기침 소리.
김이 모락모락 나는 아궁이 앞에서 김치찌개를 데우다,
묵은 장을 덜어내다 갑자기 목에 걸린 먼지처럼
"켁켁" 소리가 새어 나왔다.

어머니는 늘 부엌에 있었고, 늘 바빴고, 늘 참고 살았다.
목에 걸린 기침은 누구에게도 말하지 못한 억울함이었고,
고된 하루의 잔여물이었으며,
속으로 삼킨 눈물이 목젖에 걸린 소리였다.

혹여 자식들이 "엄마 울어?"하면
"아니야, 감기 기운이 있네." 하셨다.
말은 그렇게 하셨지만,
그 기침이 들릴 때면 차마 누군가를 부르지 못하고

혼자 힘겨움을 달래며 "나 여기 있다"는 신호이기도 했다.
소리 내어 울 수도 없고, 목으로 낼 수 있는 가장 작은 외침.

아버지의 기침이 존재감과 명령의 무게를 지녔다면,
어머니의 기침은 참음과 기다림, 그리고 희망을 품고 있었다.
이제 나도 엄마가 되어, 어느 날 부엌에서 나도 모르게
"켁켁" 기침을 할 때가 있다.
그 소리를 듣고 나는 문득 오래 전,
혼자 부엌에 앉아 뭔가를 데우며
기침하던 어머니의 뒷모습을 떠올린다.
그 기침엔 말로 다 하지 못한 사랑이 있었다.
그 기침은 누군가를 먹이고 살리고 지키기 위해
자신을 눌러두었던, 한 시대 엄마의 숨소리였다.

 작가노트

어머니는 말을 아끼셨지만, 작은 기침소리 하나에도 마음이 담겨 있었다. 어머니의 기침은 기둥을 감싸안는 바람이자 그늘이었다.
시간이 흘러, 이제는 내 아이들 앞에서 나도 그런 기침소리를 내며 살고 있다. 엄마의 길을 걷지 않으려고 다짐하고 또 다짐했지만 나도 그렇다.

옆집 순이가 이사 가던 날,

소문도 없었는데
갑자기 옆집 순이가
서울로 이사를 간다고 했다

방앗간 앞 개울가
맨발로 고기 잡던 애가
갑자기 운동화를 신고
서울로 이사를 간다고 했다

엄마는 말없이
부추전 노릇하게 구워
"이거라도 먹고 가."라고 했고
나는 괜히
마당에 박힌 돌멩이를 발로 찼다

"잘 살아라." 말도 못하고

처마 밑 그림자만 밟았다
기차는 안 보이는데 기차 소리는 들렸다
가슴 한쪽이 텅— 비는 소리 같았다

그날 이후
개울 물도 천천히 흐르는 것이 심심해 보였다

네모 상자 안에서 건네는 말

"오늘도 복순이네 가는 날이다!"

해가 지기 무섭게
동네 사람들은 남녀노소(男女老少)를 불문하고
문화생활을 하기 위해 복순이네 마당에 모였다

우리 마을에는 텔레비전이 딱 두 대 있었다
그 중에서 복순이네 집이 마당도 넓었다

"시작한다, 여로!"
아이들은 앞줄에 쪼르르 앉고,
할머니, 할아버지는 조심조심 고무신을 벗고
돗자리 위에 앉으셨다
행여 늦은 아이는 뒤에 앉아서
잘 안 보인다며 앞에 앉은 어른의 어깨를
옆으로 밀었다.

드르르륵—
미닫이 문을 양쪽으로 열면
검은 상자 속에서 불빛이 나왔다

"텔레비전에 사람이 들어있나?"
나는 매번 깜짝 놀랐다

흑백 화면 속에
이철희 아저씨가 걸어 다니고,
김자옥 언니가 눈물을 뚝뚝 흘릴 땐
복순이네 마당에도 바람이 스르르 불었다

"아이고, 또 저 사람이야!"
"어휴, 저런 며느리, 어디서 데려왔대?"
어른들은 드라마 보면서
화도 내고 웃기도 하고 가끔은 눈물을 닦았다
온동네 사람들이 모여 앉아 같은 이야기를 함께 보았다

그날 밤도
별이 반짝이는 마당에서

나는 무릎을 끌어안고 텔레비전을 뚫어지게 쳐다보았다
나도 그 안에 들어가 보고 싶었다
그 시절,
마당 가득 모여 앉아 작은 화면을 함께 바라보던 우리.
지금은 각자 집에서
크고 선명한 텔레비전을 보지만,

그때처럼 따뜻한 밤은 찾기 어려운 것 같다
그건 아마 텔레비전 속 이야기보다
온 동네 사람들이 함께 모여 앉아
숨소리까지 나누던 정이었다

 작가노트

이 글은 얼마 전, 〈폭싹 속았수다!〉를 보다가 문득 가슴 깊은 곳에 잊고 지냈던 한 장면이 떠올라 적은 글이다. 그건 드라마 속 장면도 아니었고, 극적인 대사도 아니었다. 그저, 동네 사람들이 한자리에 모여 소리죽여 TV를 바라보던 그 시절의 마당 풍경이었다.

1970년대 후반, 우리 마을엔 텔레비전이 많지 않았다. TV가 있는 집에 마을 사람들이 둘러앉아 연속극 〈여로〉를 보던 토요일 밤. 어른 아이 할 것 없이 한 마음으로 웃고 울고, 그 작은 흑백 화면 안에서 각자의 인생을 함께 읽어내던 밤이었다.

〈폭싹 속았수다!〉 속 제주 사람들의 정 많은 모습과 자연스레 흘러가는 삶의 결이 그때 우리 마을과 참 닮아 있었다. 그래서였는지 드라마가 끝나고도 마음 한쪽이 따뜻했고, 그 따뜻함을 꺼내 글로 남기고 싶었다.

◆ 드라마 《여로》 방영 정보
1) 방영 기간 : 1977년 10월 1일~1981년 10월 10일
2) 방영 횟수 : 총 358부작(당시로는 매우 이례적인 초장기 연속극)
3) 방송사 : TBC 동양방송(현 JTBC의 전신)
4) 방송 요일 및 시간 : 매주 토요일 오후 7시 55분

제 5 부

마음에도 하루치 감정이
필요하다

- 소소하지만 진심인, 감정 조각들 -

하루는 무심하게 흘러가지만

그 안엔 조용히 눌려 있던 감정들이 있다.

속상함도 아닌데 마음이 울퉁불퉁하고,

그리움도 아닌데 자꾸 누군가 생각나고,

화도 안 났는데 자꾸 말수가 줄어드는 날들.

이런 감정들은

크게 아프거나 특별하지 않아서 말하기도 애매하고,

누군가에게 꺼내기엔 조금은 부끄럽기도 하다.

하지만 그런 감정들이야말로

내 마음의 가장 솔직한 조각들 아닐까?

이 장에는

생각에 걸린 망설임,

식탁 위에 놓인 침묵,

그냥 말하지 못한 속내 같은

소소하지만 진심인 감정들을 담았다.

그 조각들이 모여 나의 하루가 되었고,

나의 마음을 지탱해 준 것 만으로 하루를

살아낸 기쁨이 된다.

찌개와 국 사이

오랜 연애 끝에 결혼을 하였다.
아내가 나름대로 맛을 내어 된장찌개를 끓였다.

뚝배기 뚜껑을 열었더니 알차게 배합된 내용물과
콩내와 파 향이 모락모락 피어올랐다.

밥보다 먼저 된장을 한 숟갈 떠서
입안에 넣는 순간 내 혀엔 낡은 기억이 먼저 들이쳤다.

"엄마가 끓인 된장국 먹고 싶다."
무심코 던진 말이
바닥까지 가라앉지 못한 된장처럼
식탁에 '탁!' 엉겨 붙었다.

수저 멈춘 아내의 눈썹,
끓던 국물보다 먼저 턱 끝까지 끓어올랐다.

잠깐의 정적 뒤에
"엄마랑 결혼하지, 왜 나랑 결혼했어?"
냄비 뚜껑이 닫히듯 말문이 쾅 닫혔다.

식탁 위에 두 냄새가 겹겹이 떠돌았다.
엄마의 된장국,
아내의 된장찌개,
그리고 화해하지 못한 된장 속 짠맛.

미안했다.
아무 말 없이 찌개를 한 숟갈 떠서
밥 위에 얹어 먹었다.
입안에 짠맛이 돌자 눈시울이 붉어졌다.

그제야 알았다.
사랑은 입맛이 아니라
마음을 닮아 가는 것임을

그냥 말해

똥 마려운 강아지처럼
거실 한 바퀴, 부엌 두 바퀴
현관 앞에서 빙글빙글

아이고, 여보
발바닥 닳겠다!
거긴 마루지, 트랙이 아니라오!

리모컨 만지작,
신문 뒤적뒤적,
괜히 화분 잎사귀 툭툭 —

여보, 내 "다 알아."
그만 속 태우고
불안하면 말로 해!

걸레가 행주에게

"야, 행주야! 너는 이 집 주인, 어떻게 생각하니?"

"음…. 내 할 일만 잘하면 아무 말도 안 하니까 좋은 것 같아."

"아니야, 난 그렇게 생각 안 해.
 다른 집은 말이야,
 걸레든 행주든 한 번 쓰고 바로 버린대. 그런데 우리는…"

"설마 또?"

"응. 오늘도 또 빨래통 직행이야.
 세제에 삶기고, 햇볕에 뒤집어지고,
 나 진짜 호텔 수건인 줄 알았다니까."

"그거 고마운 거 아냐? 다회용 인생,
 요즘 트렌드잖아. 지구도 살리고,

우리도 일거리는 꾸준하고!"

"아니지! 지구는 살아도,
 나는 피곤해 죽겠다고!
 행주 넌 주방에서만 닦지만
 나는 욕실, 베란다, 신발장까지 출장 다녀!"

"그만해, 너 요즘 투덜이 됐어.
 그래도 봐 봐,
 우린 '한철 쓰고 버려지는 생'이 아니야.
 이 집 주인은 물건에도 생명이 있다고 믿는 것 같아."

"그래, 그건 좀 인정.
 그래서 나도 오늘부터는 이름표 하나 달기로 했어.
 '재사용 20회차 걸레' 나름 프라이드지!"

"그래, 그러니까 불평 말고 함께 닦자,
 이 집의 먼지, 그리고 알뜰한 철학."

구름에게 부치는 안부

비가 온다.
구름은 산 아래 소곤소곤 깔려 있다.
해가 나왔다.
마치 약속이나 한 듯
구름은 천천히 산을 타고 오른다.

앞산 능선을 휘감으며
이내 산 넘어 가버린 구름아

혹시 네가 가는 길 어귀에
초록 아버지와 초록 엄마를 만나면
잠깐 머물러 나는 잘 지낸다고,
내 소식을 전해다오.

그때 그 웃음은 여전히 내 마음 속에 살고 있다고.
언제 또 올지 모를

비 갠 날의 맑은 오후에
나는 너를 따라
잠시 아버지 엄마를 만나러 떠나본다.

그대 창 밖에는

그대 창 밖에는
아직 세상이 바쁘게 굴러가고 있습니다.
삼월이는 오늘도 택배기사에게 자기 할 일을 다하고,
철없는 아이들은 공 하나로 동네를 휘젓고,
골목길에는 배달 오토바이가 지나가며
"삐빅! 인생 속도 좀 내볼까?"
외치듯 경적을 울립니다.

그런데 그대는 아직
창 안에서 커튼만 살짝 젖히고 계시네요.
"에구, 오늘은 허리도 안 펴지는데
세상이야 뭐 별일 있겠어?"
하시며 따뜻한 차 한 잔을 옆에 두고요.

그대여, 창밖은 여전히 자미난 일로 가득합니다.
봄이면 꽃구경 나온 사람들이 사진을 찍느라

엉덩이로 벤치를 밀고,
여름이면 아이스크림 들고 달리다
반쯤 먹고 녹아서 바닥에 떨어져 울고,
가을이면 낙엽 밟으며 멋 부리고,
겨울이면 눈길에 미끄러져
짧게나마 인생 되돌아보곤 하지요.

나이가 든다는 건
이제 굳이 뛰어다니며 바람개비 돌리려 하지 않고
가만히 서서 부는 바람에 바람개비가 돌아가게 하는
여유를 가졌다는 뜻 아닐까요?

그러니 오늘도 창문을 열고,
세상 구경 한 편 하면서 말하세요.
"흠, 나 없이도 잘 돌아가네, 그래, 다행이다!"

나는 축구공이 아니야!

오늘도 한 사내가 분노를 삭이지 못하고
퍽! 내 배를 걷어찼다.

나는 쓰레기통이다.
직업은 온갖 더러운 것 받아내기.

그렇다, 내 일은 냄새를 참는 것이지
발길질을 참는 것이 아니다.
왜 화나면 꼭 나를 차는가?

나도 억울하다.
오늘은 내가 수사한 것도 진술서를 꾸민 것도 아닌데
걷어차고
어제는 커플이 싸우다 나를 걷어찼고
그제는 배달이 늦었다고 나를 걷어찼고
그그제는 야구 지고 나서 나한테 분풀이…

이쯤 되면 나도 궁금하다.

혹시 나, 분노 해소용 인형인가?
한 마디만 하고 싶다.
"나도 감정 있어요!"

내 속에 담긴 건 음식물 쓰레기, 구겨진 종이, 빈 캔,
그리고 사람들의 스트레스다.

제발…
억울하면 청문회 가고,
답답하면 노래방 가고,
짜증나면 산책 좀 가라.
나 좀 그만 차라.

나도 언제까지나 가만히 있진 않을 거야.
다음엔 나도… 바퀴 굴려서 도망간다!

때때로

계절은 언제나 정해진 순서를 따라갑니다.
봄이 지나면 여름, 여름이 지나면 가을, 그리고 겨울.
하지만 인생은 그렇지 않더군요.
살아보니 인생은 계절의 순서처럼 단순하지 않았습니다.

스무 살에도 마음 한편은 한겨울처럼 얼어붙은 적이 있었고,
마흔을 넘긴 어느 날에는
봄날 같은 설렘에 밤잠을 설친 적도 있었습니다.
여름 같은 열정이 다시 솟구칠 대도 있었고,
가을처럼 사색에 잠기며 고개를 떨군 날도 많았지요.

이제는 비로소 이런 것들을 인정할 수 있게 되었습니다.
나이를 먹는다고 해서
계절이 한 방향으로만 흘러가는 건 아니란 걸,
사계절은 밖에서 오지만
인생의 계절은 마음에서 오가는걸요.

되돌아보면,
내 삶에는 참 많은 사람들이 있었습니다.
누군가는 봄날처럼 다가와 내 마음을 피워주었고,
누군가는 여름처럼 뜨겁게 나를 일깨웠습니다.
또 누군가는 가을처럼 내게 쉼을 주었고,
겨울처럼 차갑게 등을 돌린 이도 있었지요.
그 모든 만남과 이별이 쌓여
지금의 내가 되었습니다.

이제 나는
누군가에게 봄이 되어주고,
또 다른 누군가에게 여름이 되고,
때로는 가을 같은 쉼이 되어주고 싶습니다.
내 마음의 계절이 겨울로 치닫는 날이 와도
그 안에 따뜻한 온기를 지킬 수 있기를 바랍니다.

인생은 순서가 아니라 이야기라는 말,
이제는 그 말이 참 좋습니다.
나는 내 이야기를 안고,
오늘도 나만의 계절 속을 걸어갑니다.

막걸리 병의 재취업

맛나게 농부의
목을 축여 주고

철사에 꽂혀서
바람개비 신세가 되었다.

바람따라 술취한 듯
빙글빙글 돌았더니,

두더지 세상에 비상이 걸렸다.
"저 집 위험하다."
퇴근 하자!

물 마시기 대회

"너무 더워! 목말라!"
모래바람 부는 사막에 간절한 소리가 울러퍼졌다.

"우와 비가 내린다."
가시투성이 사막이 간질이며 속삭였다

"우리 누가 더 많이 마시는지 겨뤄보자!"고 외치는 소리에
아이 선인장들은 앞다투어 마셨다.

그러자 점점 선인장의 몸은 통통하게 불어났다.
서로가 가장 많이 마셨다고 자랑하는데 한 선인장이 쓰러졌다.
조금 있다 또 한 선인장이 비틀거리다 꺾였다.
며칠 후 한 선인장은 속이 너무 아파서 참을 수가
없다고 했다.

"많이 마시지 말랬잖니?"

지나가던 바람만이 그 말을 기억하고 있었다

부모 선인장들은 가시를 벗어 모래를 덮고
몸통을 쪼개 쓰러진 선인장에게 물을 나눠주고
밤새 뿌리를 붙잡고 울며 말했다
"살아야 해, 너는…."

얼마 후 거짓말 같이 바싹 마른 모래 위로
빨간 꽃이 피어 올랐다.
물에 취해 쓰러졌던 아이들은 땅을 껴안고 다시 일어났다
세상엔 마셔야 할 때와 참아야 할 때가 있다는 걸
그제야 알게 되었다

 **작가노트**

"아이들은 자라며 배운다. 가르침엔 때가 있다."
이 이야기는 한여름처럼 숨 막히던 어느 날, 나 자신에게 던진 질문 하나에서 시작되었다.
'아이들에게 꼭 필요한 것만 주고 있는 걸까?'
'혹시 너무 빨리, 너무 많이, 너무 쉽게 주려고 했던 건 아닐까?'
아이들이 경쟁하듯 물을 마시는 장면은 어쩌면 오늘을 살아가는 우리의 교육 현실에 비친 한 단면이기도 하다. 정보와 기회, 기대와 성취가 넘치는 세상 속에서 아이들이 얼마나 버거운 속도로 자라야 했는지를 돌아보게 되었다.
교육은 때로는 참게 하고, 기다리게 하고, 스스로 뿌리를 내리도록 곁에서 지켜보는 일이다. 지나치게 마신 물에 쓰러진 선인장 아이들처럼 아이들에게도 '조절'과 '절제'를 배우는 과정이 필요하다. 무조건 빨리 자라는 것보다, 제 땅을 껴안고 다시 일어설 줄 아는 아이로 자라는 것이 더 중요하다는 걸 오랜 시간 교단에서 배웠다.
나는 평생을 아이들과 함께했고, 그들 안에서 가장 늦게 피는 꽃이 때론 가장 단단하다는 걸 알게 되었다. 이 이야기가 누군가의 마음속에도 조용히 물처럼 스며들어 아이를 키우는 어른들에게 작은 위로와 질문이 되길 바란다.

바람은 한 번도 같은 방향으로 불지 않는다

밤새 내 몸을 감싸고 있던 이불,
아침에 툭툭 털러 나가니
서쪽 바람이 신나서
동쪽 문으로 나가라 하더니,
갑자기 돌아선 동쪽 바람
"어딜 나가?"
먼지를 집 안으로 던져 넣는다.

다시 서쪽 문으로 나갔더니
"헤헤, 내가 또 이겼지?"

바람은 킥킥대며 놀려대기라도 하듯
동쪽에서 불어댄다.
결국 나는 이불만 흔들고
바람에게 놀아난 것 같았다.

바람은 언제나
예측할 수 없는 길을 걷고,
나는 그저
그 길 위에서
잠시 몸을 맡길 뿐.
바람은
한 번도
같은 방향으로
불어준 적이 없다.

복숭아 밭 DJ

막걸리 병은
통째로 잘려
바람개비가 되었다

맥주 캔은
두 동강이 나서
바람개비가 되었다.

그렇게 다들 농장 지킴이가 되었다.

막걸리 병 바람개비,
맥주 캔 바람개비
복숭아 나무 사이 디제잉 중.
한 바퀴, 두 바퀴, 세 바퀴,
빙글빙글 턴테이블,
술잔 대신 바람 홀짝
복숭아들 흔들흔들,
댄스파티 개장이다!

봄눈이 내리는 날

복숭아꽃 살구꽃 피었다.
어젯밤 세찬 바람은 태풍인가 싶었다.
그럼에도 잘 견뎌주었다.
올 여름 튼실한 과일을 기다린다.

오늘은 사월에 눈이 내렸다.
꽃은 알몸으로 눈을 맞는다
우산이라도 씌워 주어야 하나
때 아닌 눈 원망스럽다.

봄이 와서 갖가지 꽃이 만발하였는데 눈이 오는 건
겨울이 가기 싫다고 역정을 내는 것인가?
그러면 1년을 준비하던 농부는 어쩌라고
계절을 거스르는 범죄가 아닌가?

시간이 이따금 나에게 묻는다

지나간 시간이 이따금 나에게 묻는다.
그때 그 사랑은 어떻게 되었느냐고.

나는 웃으며 답한다.
그때는 그때였고, 지금은 지금이라고.
같은 강물에 두 번 발을 담글 수 없다는 말처럼,
그 사랑도 그때의 물살 속에서 흘러가고,
지금 나는 지금의 강물에 발을 담그고 있을 뿐이라고.

스무 살의 사랑은 풋풋했고,
서른의 사랑은 불같았으며,
마흔의 사랑은 때로 서글펐고,
쉰의 사랑은 오래된 바람 같았다.
그리고 지금, 예순의 사랑은
묵묵히 손을 잡아주는 따뜻한 체온,
눈길만으로도 전해지는 안도감이다.

시간은 내게 물었지만,
사실 나도 시간에게 묻고 싶다.
그때의 나와 지금의 나는 같은 사람인가?
변하지 않은 얼굴로 흘러가는 강물 앞에서
나는 얼마나 변했고, 얼마나 그대로인가.

이제는 알겠다.
흘러가는 시간 속에서
붙잡을 수 없는 것을 붙잡으려 애쓰기보다,
지금 내 앞에 놓인 강물에 발을 담그는 것이
가장 정직한 사랑이고,
가장 따뜻한 삶이라는 것을.

그래서 나는 오늘도 이 순간의 강물에
가만히 발을 담그고 선다.
흘러가도록 두면서,
그러면서도 물살의 온기를 느끼며.

아주 오래된 사랑의 언어

"검은 머리 파 뿌리 될 때까지."
젊은 날, 결혼식장에 갈 때마다 듣던 말이다.
주례 선생님의 마른 입에서 그 말이 나오면,
사람들은 눈빛을 주고받으며 웃었다.
신랑은 쑥스러운 얼굴로 고개를 떨구었고,
신부는 입술 끝을 살짝 깨물었다.
결혼식에서 그 말은 너무도 익숙해서,
그 말을 듣지 않으면 뭔가 빠트린 것 같았다.
비록 모두가 그 말을 따라 살지는 못했지만,
그 말에는 결혼이란 무엇인가에 대한 한 시대의 가치가
고스란히 담겨 있었다.
오래오래, 끝까지, 함께 살아내는 일.
그것이 사랑이자 결혼이라고 여겼던 시절이었다.

하지만 언제부턴가 그 말은 사라졌다.
주례 없는 결혼식이 당연해졌고, 계약서를 쓰듯 결혼하고,

계획서를 쓰듯 이혼하는 세상이 되었다.
그 말을 꺼내는 순간,
촌스럽거나 비현실적인 사람 취급을 받게 되는 시대.

그래도 나는, 그 말이 그립다.
검은 머리였던 나도, 거울 앞에서 파 뿌리를 본다.
아내도 나도 이제는 더 이상 젊지 않다.
이따금 서로에게 상처를 주고,
어떤 날엔 하루 종일 말 한마디 섞지 않기도 한다.
하지만 끝내 다시 마주 앉아 따뜻한 국을 나눈다.
말없이 TV를 보다, 같이 졸기도 한다.

아마도 "검은 머리 파 뿌리 될 때까지."
화려한 언약이 아니라
그저 '함께 늙자'는 다짐이었던 것 같다.

좋은 날만 있지 않겠지만,
그럼에도 끝까지 곁에 있겠다는 약속.

지금의 세대는 그 말 없이도 충분히 사랑을 안다.

하지만 나는 여전히 그 말을 믿고 싶다.
"검은 머리 파 뿌리 될 때까지."
그렇게 사랑할 수 있다는 것을.

연두색 눈이 내린 날!

복숭아 나무 아래 연두빛 눈이 소복이 쌓였다
하얀 눈처럼 기쁘지 않다
오히려 마음이 무겁게 눌린다.

손끝으로 떼어낸 작은 생명들이
속절없이 바닥에 가 쌓인다.
어쩌면 이것들도 열매가 되고 싶었을 텐데―
나는 지금, 살리기 위해 버리는 일을 하고 있다.

풍성한 결실을 위해
지금은 무성함을 덜어야 한다는 이 이치가
이렇게 아프리라곤 몰랐다.
작은 복숭아들 하나 하나가
태어나 처음 맞는 햇살을 끌어안고 있었는데
그 햇살을 더 오래, 더 크게
다른 동료들이 가져가야 하기에

너희는 오늘 여기서 멈춰야 한다.

쌓이고 또 쌓인 연두의 눈밭.
하얀 눈이 쌓일 땐 웃으며 발자국을 남겼지만
오늘은 차마 발을 디딜 수 없다.
연두색 눈이 내린 날,
내 마음은 소복이 찢어졌다.

 작가노트

이 글은 복숭아 꽃이 지고 열매를 맺었을 때 속과하면서 더 크고 튼실한 열매를 먹기 위해 일정 간격을 유지하기 위해 떼어낸 작은 열매들을 보면서 인간의 이기심 때문이라는 생각에 죄책감이 들기도 했지만 더 많이 속과를 하지 않았다고 "두 번 일하게 되니 팍팍 따내라."고 남편으로부터 꾸지람을 듣고 나서 문득 든 생각을 적었다.

짧은 다리, 큰 사랑

후다닥, 후다닥.
"뭐가 그렇게 바빠, 천천히 걸어."
"내 다리가 짧아서,
남들 한 걸음 걸을 때, 나는 두 걸음 걸어야
나란히 갈 수 있어!"

토다닥, 토다닥.
"다리 아프지 않아, 뛰지 마."
"내 다리가 짧아서,
남들 걸어 오를 때
나는 뛰어야 같이 갈 수 있어!"

그대는 그 짧은 다리로
다른 사람과 같이 가려고 애쓰지만
내 눈엔,
그 누구의 다리보다 길어 보여요

함께 걸으면
세상 어디든 갈 수 있을 것만 같고
혼자 걸어가는 소리는
내게는 세상에서 가장 아름다운 음악소리랍니다.

그대의 짧은 다리가 나에게는
세상에서 가장 긴 다리랍니다
그 다리가 오늘도 우리 가족의 생계를 위해
이리 뛰고, 저리 뛰고 하니까요!

편의점 처마 밑에서

아침 뉴스에서는 오늘은 '맑음'이라고 했는데,
퇴근 길 버스에서 내리자
갑자기 비가 후드득 후드득 쏟아진다.
급한 마음에 바로 옆 편의점 처마에 몸을 숨겼다.

비닐 우산 쓰고 지나가는 사람,
우산 살 하나 부러진 우산을 쓰고 가는 사람,
3단 우산 접어 물방울을 뚝뚝 떨어뜨리며
편의점 안으로 들어가는 사람
편의점 안으로 사람이 들어갈 때마다
문에 달아 둔 풍경이 땡그랑거린다.

오늘 따라 멋부린다고 신은 구두에 물이 스며든다.
어떻게 할까 고민이 되어 편의점 안쪽을 바라보았다.
안쪽 테이블에 라면을 앞에 놓고
휴대폰 불빛에 잠긴 사람이 앉아 있다.

내 뒷모습이 그 사람 눈높이에 걸려있다,
괜스레 민망하여 손으로 이마를 가리고
빗속으로 뛰어든다.

참, 웃기다.
내 몸 잠깐 피하는 데도 돈이 드는 세상.
바람은 휘잉,
비는 촐랑촐랑, 얼굴을 적신다.
마음에도 빗물이 스며드는 듯하다.
연신 "괜찮아, 좀 젖으면 어때."
혼잣말을 되뇌인다.

라면 불듯, 기다리면 될 것을,
나는 댓가 없는 처마 밑을 벗어나
헐레벌떡 골목을 뛴다.
집으로, 저녁으로, 빗줄기 사이로
오늘도 내 하루가 흘러간다.

너라서 괜찮아

내가 힘이 없어 보일 때면
어김없이 끈기가 조용히 말했다.
"힘내, 지금 이 순간도 너니까 지나갈 수 있어."

내가 부끄러워 고개를 숙일 때면
열정이 다가와 등을 다독였다.
"괜찮아, 지금도 충분히 잘하고 있어.
 조금만 더 가보자."

내가 포기하려 할 때면
인내가 단호하게 말했다.
"세상에서 너 말고는 아무도
 이 길을 대신 걸을 수 없어.
 힘내. 넌 할 수 있어."
넘어질 때마다
나보다 나를 더 잘 아는 내 안의 친구들이

나를 일으켜 세운다.

그때 나는 안다.
누군가의 응원이 아니라
내 마음 깊은 곳에서 나를 믿는 '나'가
가장 힘센 응원단이라는 걸.

나가는 글

어느 듯 시간은 유수같이 흘러
아내와 나는 60이라는 나이가 되었다.

노래 가사에도 '지나간 것은 지나간대로'라 하듯
보통의 부부가 하기 어려운 일로 생각했으나
함께 집필하면서 서로의 추억을 나누며
더 깊이 이해하게 되었고
각자의 기억이 어우러져 더 풍성한 이야기가 되었다.

서로 지난 날을 꾸밈 없이 나누었고
참 많이 웃기도 하고 복잡한 감정에 사로잡히기도 했다.
그때는 그때대로 좋고, 지금은 지금대로 좋다.

이야기를 다 쓰고 난 지금,
'함께라서 더 좋았다'
인생 2막을 또 함께 출발하는 계기가 되었다.

참 좋다!

우리는 때로 너무 멀리 있는 것만 기억이라고 생각한다.
하지만 진짜 기억은,
식탁 위 된장국 향기, 수돗가 빨간 고무대야,
말없이 건넨 따뜻한 밥 한 그릇 속에 숨어 있다.

그 시절을 지나 오늘을 살아가는 우리,
그리고 다음 세대를 향해,
이 작은 기록이 오래도록 살아 있기를 바란다.

다시 바람이 불 때, 시간은 그리움이 되어
우리네 마음 어딘가에서 조용히 말을 걸어주기를 바란다.